喚起28

量子習慣力

輕鬆改變習慣A，自然改寫命運B

●每次輕鬆提前1秒鐘剎車，可以增加28公尺的生命距離。
　　●10次之後你就是安全駕駛。

　　　　●每次遇事給自己1分鐘靜思，可以避免釀成大錯的遺憾。
　　　　●10次之後你就是決策大師。

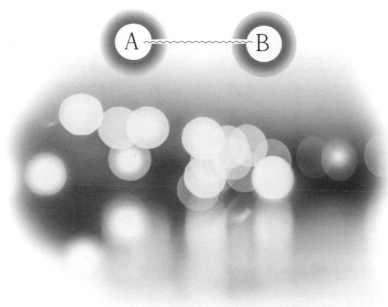

速溶綜合研究所◎著

{快讀篇}
輕鬆改變習慣A，自然改寫命運B

實用 ① ：提高腦力

【習慣A】——————→【命運B】

●有氧運動　　　　　　●腦力提昇

1. 大腦攝入更多氧氣　　1. 心胸開闊
2. 促進多巴胺分泌　　　2. 精神愉快
3. 增加血清素　　　　　3. 美好愉悅
4. 海馬體產生新的神經元　4. 良好情緒

不同的運動有著不同的效果，舞蹈會增強平衡能力
；搏擊會鍛鍊大腦的觀察力、思維的活躍度……。
不管是何種運，都會讓你在進行的過程中，讓自我
實現的需要變得強烈，使克服困難的意志和取勝的
信念更為堅定。

實用 ② ：煥然一新

【習慣A】—————————→【命運B】

●勇於嘗試新事物　　　　●發掘自身的潛力
1. 不斷挑戰新事物　　　1. 變得積極而有活力
2. 不會害怕失敗和變故　2. 潛意識自然接受陌生領域
3. 走出舒適區迎接挑戰　3. 充滿無數可能性
4. 原來事情沒有想像中困難　4. 獲得無與倫比的回報

挑戰，能使自己大腦的神經元更強而有力地結合起來，讓自己的大腦變得更加聰明。而每一次挑戰成功，都會讓你變得更自信，也會讓你將一個陌生的領域成功地劃入自己的舒適區中。要知道，一個人的舒適區越大，他就越有可能獲得想要的成就。

實用 ③：蝴蝶效應

【習慣A】—————————→【命運B】

●養成一個好習慣

1. 讓內心充滿期待
2. 希望上班不遲到養成早起
3. 讓早起成為自己的好習慣
4. 天天早起做運動
5. 早起做運動已成為習慣

●觸發積極的連鎖反應

1. 希望的東西就會接踵而來
2. 發現身體變得有活力
3. 皮膚變得有光澤
4. 工作顯得精力充沛
5. 人生變得快樂積極

好的習慣會帶來一系列好的連鎖反應，正如「吸引力法則」所說，當你內心充滿期待時，一切你希望的東西就會接踵而來。同樣，當你形成了好的習慣，更多的益處也將會隨之而來。

用感性習慣改變命運的6個步驟

——讓潛意識持續幫你運作——

1. 用正確的知識找到你的愛好
2. 應用正向愛好成為你的行動
3. 這個行動將成為你的感性習慣
4. 感性習慣就是你的動力來源
5. 從此這個習慣將會成為潛意識的反應
6. 這個反應將會改變你的命運

● 很多人對習慣養成的誤解：

一、是需要堅強的意志才能實現；
二、是會給人帶來負擔；
三、是覺得只有特定的人才會具備習慣。

習慣不是只有特定表現，才會影響新習慣的養成。
其實拋開誤解，習慣有以下三個表現：

(1)在無意識下進行：
習慣都是在無意識下進行的，比如你每天早上起來先洗臉再刷
牙，這些雞毛蒜皮的小事，可能使你在無意識的情況下形成了
某一種規律。

(2)無壓力和負擔：
因為是在無意識的情況下進行的，你不需要強迫自己去做這件
事情，所以你的壓力和負擔就會比較小。

(3)誰都可以進行：
不是說習慣越多，你的習慣力就越強，其實，就算每天堅持睡
前看兩頁書也是一種習慣力，所以不論男女老少都可以進行。

目次

CHAPTER 5
養成好習慣的小訣竅 129

CHAPTER 1
認識習慣力

不同的人在工作和生活中或多或少都會形成一些不同的習慣，很多人覺得習慣的養成很難，其實不然。只有清楚地認識了「習慣」形成的本質才能夠更好地掌握這一項能力。所以在本章，我們帶大家來認識一下什麼是「習慣力」。

1 什麼是習慣力？

　　你早上起來做的第一件事是什麼？是先刷牙還是先洗臉？出門前是先穿左腳還是右腳的鞋子？你坐到辦公室時，是先看郵件，還是和同事聊天，又或者直接寫今日工作事項？中午要吃隔壁賣的炒飯，還是對面的鍋貼？這些生活中常見的小事，其實都是我們習慣的合集。

　　你以為我們每天所做的那些選擇是經過精心考慮後的結果嗎？但事實上，這些選擇結果大部分都是由你的生活習慣幫你選出來的。雖然這些習慣看似很隨意，對生活和工作的影響也十分有限，但是從長遠來看，它確實影響著我們的生活和工作。

　　即使你不想承認，但習慣確實會逐漸地掌控我們的生活，因為習慣是一種很強的、不可抵抗的力量。所以，能不能清楚地認識習慣的力量，對於習慣的養成十分重要。

　　很多對習慣有誤解的人認為習慣有三種表現：一是

**需要堅強的意志才能實現；二是會給人帶來負擔；三是
覺得只有特定的人才會具備習慣。**但其實這種誤解只會
在習慣養成的階段才會出現，你只要經歷過了這段時
間，就會發現，所呈現出來的狀態其實是完全相反的。

習慣不是只有特定表現，才會影響新習慣的養成。

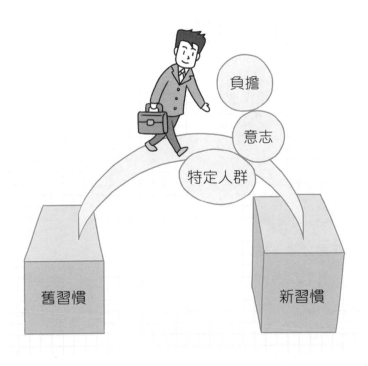

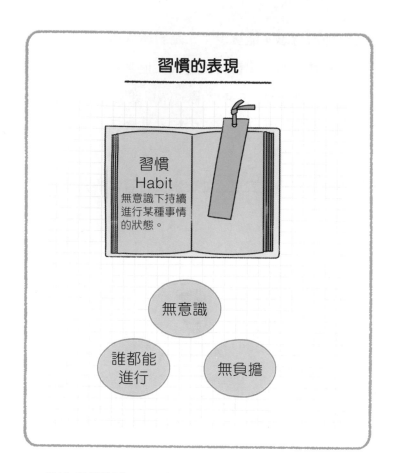

其實拋開誤解，習慣有以下三個表現：

(1) 在無意識下進行

習慣都是在無意識下進行的，比如你每天早上起來先洗臉再刷牙，這些雞毛蒜皮的小事，可能使你在無意識的情況下形成了某一種規律。

(2) 無壓力和負擔

因為是在無意識的情況下進行的，你不需要強迫自己去做這件事情，所以你的壓力和負擔就會比較小。

(3) 誰都可以進行

不是說習慣越多，你的習慣力就越強，其實，就算每天堅持睡前看兩頁書也是一種習慣力，所以不論男女老少都可以進行。

接下來，我們主要說的是習慣力，那麼究竟什麼是習慣力呢？習慣力其實就是持續進行某件事情的能力——也就是養成習慣的能力。只有當你正確地認識了習慣養成並不是你想像中那麼難，才能掌握養成習慣的能力。

習慣力乍看下很像習慣，但其實二者有一定的區別。一旦你瞭解了習慣力對於生活和工作的影響後，如何培養習慣力就成了重要的問題。

2 習慣是一種潛在意識

　　習慣是在長時間裡逐漸養成、一時不容易改變的行為、傾向或者社會風尚，而這些習慣其實是從我們的潛意識裡培養出來的，它無聲無息，等到形成了習慣之後你才會發現——原來自己有這樣的習慣，所以習慣其實是一種潛意識。接下來，我們舉個簡單的例子來說明一下「意識論」：

　　小廣因為非常怕狗，所以不論是看到狗還是聽到狗的叫聲都會渾身顫抖、感到害怕；而小步則不同，她不但不怕狗，反而很喜歡和狗玩耍。

　　當兩人經過某地同時聽見狗的叫聲時，小廣下意識的表現就是害怕得撒腿就跑，即使只是一條體積很小且很溫順的寵物狗；而小步則不同，聽到狗叫聲的同時，她就開始尋找聲音的來源，想找到這條正在叫的小狗。

　　因為「怕狗」在小廣的潛意識裡存在了，所以他聽到任何狗的聲音時就會習慣性地表現出逃跑的本能；而

小步潛意識裡喜歡狗，所以在聽到狗的叫聲以後，她反而下意識地開始尋找聲音的來源。

兩人對狗叫聲時，有著截然不同的反應。

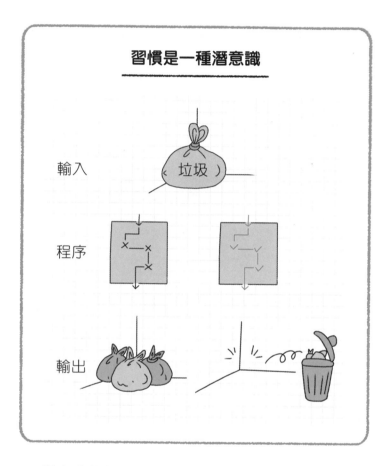

習慣是一種潛意識

輸入

垃圾

程序

輸出

　　從上述的例子不難看出，潛意識對於人日常行為的操縱性。**其實你的潛意識就好比電腦的系統程式，決定了你對外界刺激的反應。**這些形成的習慣最終都會變為「下意識」的表現，當你想要改變這些習慣的時候，就相當於在改寫你的程式，從而讓自己在不存在個人意志

的狀態下，讓特定的行為自動化運行。

　　就拿之前的例子來解釋：小廣怕狗，這是他的潛在意識，所以即使聽到狗叫聲，他也習慣性地撒腿就跑。這一系列的反應動作都在他的潛在意識中形成了一條完整的連結，一旦外部刺激觸動了機關，整個鏈條就開始運行。那麼如果小廣想要改變這個怕狗的習慣，他就要打破這個意識連結，逐漸形成不怕狗的習慣，那麼以後再聽到狗的聲音時，就不會下意識地「落荒而逃」了。

　　再舉個圖上的例子，有兩個人同時看到了一袋垃圾，一個人經過「程式計畫」最終保持了處理垃圾的好習慣；另外一個沒有及時處理垃圾習慣的人至少在「習慣程式」上就沒有這一項程式。

　　從這裡我們就可以看出，不論是想要形成習慣還是改變習慣，在此之前都是需要清楚地認識到**「習慣是一種潛在意識」**的概念。當你很好地理解了「習慣」形成的規律和方式，培養習慣力就會變得簡單起來。

　　人們對於外界刺激的反應其實就是一種潛在意識，也可以說是一種習慣。只有清楚地認識到習慣是一種潛在意識，才能更好地幫助你形成或改變習慣。

3 看得見和看不見的習慣

　　習慣大抵可以分成兩大類：看得見的習慣和看不見的習慣。

　　看得見的習慣就是能夠顯現出來的意識；而看不見的習慣則是隱藏的潛意識。 那又如何去看待這兩個分類呢？我們在這裡舉一個非常簡單的例子：

　　夏天一到，小廣感覺自家的用電量大增，電費猛漲，覺得需要改變一下這個狀況，於是下意識地有了節約用電的意識，而這個意識又體現在了兩個方面：一是潛意識，當小廣感知到了需要節約用電後，小廣在日常的行動上就會產生下意識地隨手關燈的行為，有時候自己都沒有發現；二是顯意識，顯意識與潛意識相對，是指人們自覺認識到並有一定目的控制的意識現象和心理過程的總和。當小廣覺得用電量會增加的時候，他就會開始把節約用電納入日常的任務，所以小廣將「隨手關燈」這個選項寫在了每天的工作事項中，刻意地讓自己把「隨手關燈」這個行為變成一種習慣。

感性　　　　潛意識　　　　顯意識

電費猛漲　　隨手關燈

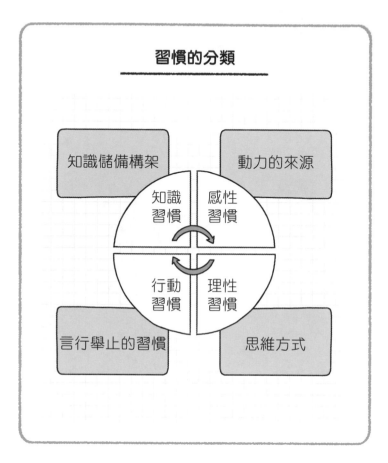

習慣的分類

知識儲備構架

動力的來源

知識習慣

感性習慣

行動習慣

理性習慣

言行舉止的習慣

思維方式

　　為什麼有些事情學過一兩次或者做過一兩次卻沒有形成習慣？那是因為**習慣的形成並非單純的知識汲取或行動，而是與你的理性和感性思維的領域息息相關。**

　　根據理性與感性的特質，我們將習慣分為看得見的習慣和看不見的習慣，而這兩種習慣又分別有不同的類型。

(1) 看得見的習慣——行動習慣

行動的習慣其實很容易理解，就是言行舉止上的習慣。有些人說話有一些口頭禪，有些人有一些習慣性的小動作，這些都是看得見的習慣。

(2) 看不見的習慣——知識習慣、感性習慣和理性習慣

知識習慣其實就是一個人的知識儲備構架，這種習慣與知識的儲備量和模式息息相關；感性習慣就是動力的來源，它通常與行動習慣有所關聯，是一種潛意識做出的判斷或者反應，我們通常說這個人做事很衝動，就是感性習慣的例子；理性習慣更多的是思維方式的表現，不同的人有不同的思維方式，所以不同思維方式的人所表現出來的習慣也是不同的。

在一個人身上很可能會擁有很多種的習慣，但並不表示每一種習慣都是同一種類型。而不管是看得見的還是看不見的習慣，都很有可能出現在你的生活中，所以去掌握和認識它們，對於形成和培養習慣力是很好的基礎。

4 三分鐘熱度的人

　　很多人都有深夜輾轉反側的時刻，滿腦子想著：「明天開始我一定要如何如何」，覺得似乎任何事情都可以做到，成功唾手可得。可是第二天醒來之後，勇氣就消去了大半，又會在巨大的慣性下沿著原來的軌跡去工作和生活。

　　小步就是這樣一個三分鐘熱度的人，背單詞，永遠在背「apple」、「bird」……；去跑步，絕對不會超過三天；要減肥，很快就開始暴食，這樣的不良習慣使得她在工作中也總是半途而廢，工作成績始終不理想。

　　其實，懶惰是人的天性，當你很想做一件事的時候，會充滿了鬥志。而往往由於太渴望做好，或太希望立竿見影，卻沒有足夠堅強的意志力去支撐，以至於當事情的效果並不如你所願，或者遭遇了挫折的時候，你就很容易對自己說：「算了吧！太累。」於是，你就這樣向困難妥協了。

三分鐘熱度的人在生活中太常見了，很多人的鬥志也就是在這樣短暫的嘗試和迅速的失敗中消失殆盡的。

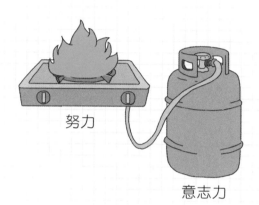

三分鐘熱度

努力

意志力

在意志力不堅定的情況下，努力的「火苗」也會有大有小。

很多事情，因為興趣或好奇而開始，很快就會因為熱情消退而結束。有時候，做著做著就會發現，事情似乎根本不是自己想像的樣子，而這其實都是因為缺少一個能支撐自己走下去的強大動力。

正所謂量變引起質變，只有堅持不懈地積累才能獲得想要的成功。但既然如此，為什麼還是有那麼多三分鐘熱度的人呢？

三分鐘熱度其實是因為你前期太過努力。正是因為你太渴望做好，因此在反覆思量的過程中，為自己描繪出一幅美麗的藍圖，而當你在實際努力的過程中，一旦不如願，你就會迅速地向挫折投降。在前期消耗了太多的意志力，以至於無法支撐自己再堅持下去，同時，又沒有很好的方法去增進自己解決問題的能力，最終使得自己的計畫變得困難重重，在這樣心煩意亂的情況下，會產生痛苦的情緒，原本改變習慣的願望在潛意識中就形成了抵抗情緒，你就成為了三分鐘熱度的人。

所以，當下次充滿熱情地想去做一件事的時候，先為自己設立好清晰的目標吧！制訂好可行的計畫，為自己預留出遭遇小失敗的緩衝餘地。同時，不要好高騖遠，**從每天一點一點的小習慣養成開始**，自信並堅持不懈地做下去。

一旦出現三分鐘熱度的情況，就要檢視一下自己制定的計畫是否太不現實了，三分鐘熱度只會讓你的生活始終保持一個停滯不前甚至不斷後退的狀態，想要讓自己不斷進步，就要克服自己三分鐘熱度的特性。先從小小的習慣開始做起，再去養成相對複雜的習慣。

5 習慣化的三個效果

　　心理學家威廉・詹姆斯關於習慣有一段很經典的注釋——「**種下一個行動，收穫一種行為；種下一種行為，收穫一種習慣；種下一種習慣，收穫一種性格；種下一種性格，收穫一種命運。**」

　　習慣是一種長期形成的行為方式、思考模式。由於具有很強的慣性，人們會不由自主地啟用它，無論是好還是壞。可見，習慣的力量會不經意地影響人的一生。

　　通常來說，習慣既可以是在無意識的狀態中感性地形成，也可以是在有目的、有計劃的訓練中形成。不過，**那些良好的習慣必然是在有意識的訓練中形成的，不可能在無意識中自發形成，這就是好習慣與壞習慣的根本區別**[1]。壞習慣一旦養成，要改變是十分困難的；而任何一個好習慣的養成，也不會是輕而易舉的。

　　人們刻意去馴服「習慣」這樣的潛意識，努力去養成一些想要的習慣後，就會發現，習慣養成之後會帶來潛移默化的效果。而當這些好的效果漸漸顯現的時候，

習慣也就會從刻意去維繫的行為，逐漸變成自覺自主的
行為。

習慣是需要播種才能得到的收穫。

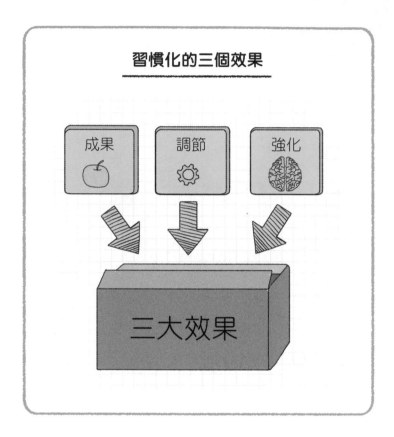

習慣化的三個效果

成果 🍎　調節 ⚙　強化 🧠

三大效果

　　從某種程度上來說，好的習慣比先天的才能更為重要。要培養一個好習慣，首先要認識到它的重要性和必要性，才能激發起強烈的願望。而習慣養成之後，則會帶來明顯的效果。

　　首先就是成果帶來的效果了，這是最能激發人繼續保持好習慣的動力。例如，當你在一周的七天裡都少吃

多動，你會發現肚子上的贅肉似乎少了一點，體重也輕了。這就是少食和運動的習慣帶來的減重效果，而這樣的減重效果會促使你更加積極地投入到保持這個好習慣的行為中，帶來良性迴圈。

其次，自我調節的效果也十分明顯。當你連續幾天都堅持早睡，你就會發現白天醒來後，人會變得很有精神，無論是身體還是大腦，得到了良好的休息後都煥發出新的活力。久而久之，身體就會習慣這樣的調節，從而形成早睡早起的好習慣。

第三，強化大腦的效果也不容小覷。人如果日復一日地按照「老習慣」生活，大腦便會學會「偷懶」，長此以往，大腦的功能就會退化。不斷用好的習慣去刺激大腦皮層，可以促進腦神經的健康運作，再度啟動神奇的大腦。

習慣在養成之後，會慢慢地在大腦刻下深刻的印記，然後不斷地支配你今後的行為。千萬不要忽視習慣給你帶來的影響，它們可以讓你的生活狼狽不堪，也能讓你的生活健康向上。

6 放棄不必要的習慣

　　在「斷捨離」的觀念已經被廣泛認同的現在，對於習慣，也應該試著去進行「斷捨離」。清除掉思想和行動上的負擔，才有精力全力以赴地去做更重要的事。

　　很多人在裝修時買了看似有用其實很雞肋的物品，為了使用它而百般強迫已每天都要用一下才划算，但這樣的行為十分不明智。因為這種習慣實際上是非常不必要的，**為了養成不必要的習慣而干擾了自己原本已形成的正確且高效的習慣，打亂了自己的生活動線，得不償失。**

　　如果察覺到了這點，就要開始審視家裡有哪些東西是逼迫自己養成多餘習慣的。比如洗碗機，買了它之後就形成了「機洗碗、人洗機」的惡性循環，清潔的時間無形中被加長了許多；再比如電視購物裡看起來十分方便快捷的蒸汽式掛燙機，為了使用它，每天早上多浪費10 分鐘用來熨燙衣物，讓原本就緊湊的晨間時光變得更加手忙腳亂。

這些不必要的習慣，都是因為多餘物品的購入而被迫養成的，如果已經給生活造成了困擾，不如就大膽地放棄它們吧！

原本是想通過洗碗機節約洗碗的時間。

卻沒想到清洗洗碗機的時間比洗碗還長。

放棄不必要的習慣

不必要習慣

NEW

必要習慣

　　在養成好習慣的同時，放棄那些不必要的習慣。正如捨棄掉那些並不心動的衣物，才有空間去放置新的。同樣的道理，當那些不需要的習慣減少了以後，我們才有餘裕的時間和空間去養成和保持更加重要的習慣。

　　有的時候，以當下的心境來看，並沒有辦法抉擇出哪些習慣是不必要的，這就需要理性地思考，結合習慣

的後果和操作的難易度來進行選擇。如果還是猶豫，就把習慣分類，按照輕重緩急進行先後順序的排列。

　　例如，在加入晨跑這一習慣後，你或許會對提早起床有點不適應，那麼這個時候就不要再加入，像是：每天都要給自己做不一樣的營養早餐之類的習慣。等你的身體漸漸習慣了晨跑，有了餘力的時候，你再適時地做一頓豐盛的早餐，或是靜下心寫一寫晨間日記了。而那些用清晨的時間去反覆搭配衣服的習慣，就可以果斷地捨棄掉，將這個行為挪到睡前的十分鐘來完成，讓生活更加從容。

與其被不必要的習慣操控，不如果斷地捨棄它們，為好習慣的養成留出時間和精力，讓生活簡單而有序。

小技巧：分解習慣的形成階段

習慣的力量是強大的，如果能控制壞的習慣，駕馭好的習慣，讓習慣為自己所用，那麼我們的生活會變得更加有意義。

一個習慣的形成，有著不同的組成部分：一個觸發機制、一個獎勵機制、一個慣性行為。也就是說，在某件事的觸動下，我們會構想獎勵帶來的喜悅感和滿足感，於是就會開展習慣行為，而這一切可能都是在無意識的狀態下產生的。

其實，當好的習慣養成之後，別人也許會覺得你很厲害，但你自己想想又會覺得事實上好像並沒有做什麼，這就是習慣的力量。同樣，壞習慣也是如此，在無聲無息中對你進行著負面的影響，你難以察覺，因而根本就沒有機會去反擊。

那麼，如何去形成一個我們想要的習慣呢？首先我們要瞭解形成習慣的幾個階段：

(1) 從無意識（不知道）開始，到有意識（我知道）的層次

正如前面所說，很多習慣都是處於無意識狀態下，當我們刻意想要去培養或改變它時，就應該充分地認知這個習慣——它所帶來的結果、獎勵以及觸發機制等。我們應該先分清楚，這個習慣如果持續下去，對我們造成的影響到底是好的還是壞的。其次，我們要確定當這個習慣完成後，自己可以得到的獎勵是什麼，簡單來說就是找到強又有力的動力支撐，讓自己產生濃厚的興趣和渴望。其次，要設立一個簡單易行的觸發機制，讓自己在某件小事中就能開始好習慣的行為。

(2) 又回到了無意識（總是會不自覺地在做）的層次

當我們確定了獎勵機制與觸發機制後，就要在兩者之間建立行為，並不斷重複。重複行為的同時還需要不斷強化動力，在堅持習慣的過程中，不斷用效果激勵自己。除此以外，還可以利用外部力量，同伴間互相打氣等行為，對自己形成積極的輔助作用。在這個階段中，「我知道」「我能做到」的過程最為艱難，但是只要一天一天地堅持下去，就會漸漸變成不知不覺地在做的狀態。

要記住，習慣不是技能，它的養成並非一蹴而就，是需要長久不懈怠地保持才能實現的。**養成習慣的過程是一個培養耐心和意志力的過程**，無耐心且意志力薄弱的人，往往堅持不了多久就會放棄。能夠堅持下來的人，才有可能達到自己最終的目的。因此，掌握習慣養成的誘因，提高意志力並不斷練習，才能佔領一個又一個習慣力的高地，獲得一點一滴的小成功。

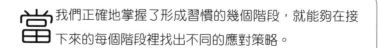

當我們正確地掌握了形成習慣的幾個階段，就能夠在接下來的每個階段裡找出不同的應對策略。

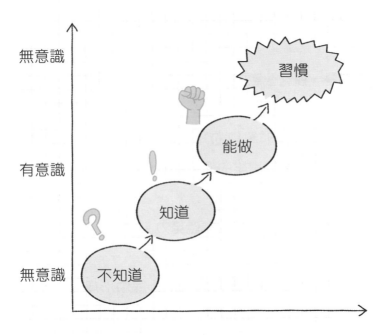

總結篇

1. 習慣力其實就是持續進行某件事情的能力。

2. 習慣是一種潛在意識。

3. 習慣的形成並非單純的知識汲取或者行動,而是與你的理性和感性思維的領域息息相關。

4. 三分鐘熱度是因為前期太過努力。

5. 良好的習慣必然是在有意識的訓練中形成的,不可能在無意識中自發形成。

6. 在養成好的習慣的同時,放棄不必要的習慣。

CHAPTER 2
隱藏在日常生活中的習慣

　　有些事情我們常常會做，卻沒意識到這已經是一種習慣了。而這些習慣當中既有好的習慣，也有壞的習慣。如何很好地辨別出來，並去改善他們呢？我們介紹幾種生活中常見的習慣，讓大家來瞭解一下。

1 改變飲食習慣

　　由於現代人生活節奏快，外食已變成了年輕人的飲食習慣之一。近幾年，外賣越來越受歡迎，不出門、不勞動，也能吃到熱騰騰的美食。這種飲食習慣雖然方便快捷，但長此以往，弊處甚多。由於餐飲行業的種種問題，食材品質不能保障，因此人們的身體健康也得不到保障。而且這些速食、外賣，減少了人們的運動量，增加了惰性。**當這種惰性成為常態後，心理健康也會隨之受到傷害。**

　　小廣就是這樣的例子，長期的「外賣飲食」讓他的身體狀況日益下降，從而影響到了他的工作品質和生活品質；勤勞的小步則會嘗試每週親手做幾次菜，瞭解食品搭配知識，體驗從擇菜、洗菜到下鍋烹飪的全過程，這讓她每天看起來都面色紅潤、精神飽滿，即使工作繁忙，她也覺得十分愜意。

在親自動手做菜的過程中，你會思考如何進行營養均衡的搭配、如何合理地安排烹飪的時間等，在整個過程中，不僅能體會到一粥一飯的來之不易，也能品嘗到自己的手藝，不斷地精進廚藝，同時，大腦思維也能得到很好的鍛煉。

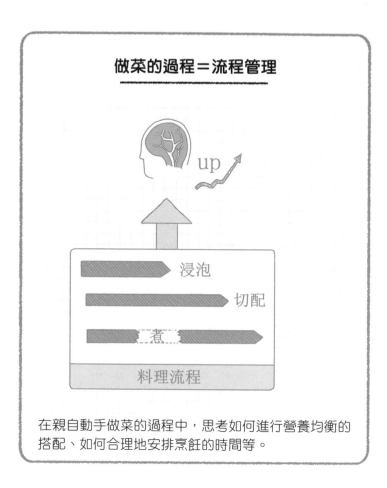

做菜的過程＝流程管理

浸泡

切配

煮

料理流程

在親自動手做菜的過程中，思考如何進行營養均衡的搭配、如何合理地安排烹飪的時間等。

「養生之道，莫先於食。」所以，好的飲食習慣帶來的養生益處也是不言而喻的。

而做菜的過程，其實就是一系列流程的管理過程，自己做菜本身就能提高飲食健康，而從買菜到做菜的整

個過程能啟動大腦前頭葉，使腦力活性化，並能體會到小小的生活樂趣。

經常買菜，也能保證了一定的運動量，在菜市場、超市中行走，細心地選購食材，體驗與生活更貼近的真切感，買菜的過程能讓大腦對價格精打細算，練就快速算帳、有力砍價的好本領。下廚做菜，其實可以算作是一次流程管理的過程。品種的選擇和搭配，做法的工序和要求……，常讓人絞盡腦汁，腦細胞因此得到啟動。

民以食為天，飲食習慣的改變大抵上可以算作生活習慣改變的起步了，改變吃飯方式的時候，身體和大腦也在逐漸接收著信號，不斷地應對這種良性的改變，從而形成好的習慣，等到這些好習慣成為身體的慣性時，你就會不斷從中受益，從而不斷促使自己積極地去培養新的生活習慣。

做菜還能鍛煉到大腦，會讓你在不斷的思考和執行中變得更聰明。雖然做菜看起來是一件再平常不過的小事，但它會對你生活的現狀和其他好習慣的養成會產生十分積極的影響。

2 通過運動提高腦力

我們常說「生命在於運動」，可很多人還是比較喜歡宅在家裡或是整日滑手機，運動則是想起來就去，沒心情就不去，這是一種十分不健康的生活狀態。早有研究表明，運動不僅僅能強身健體，還有增長智力的作用，很多運動項目都對大腦具有很好的鍛煉效果。養成運動的習慣，可以促進腦細胞新生、開發智慧。

小步酷愛運動，時常在工作之餘一個人去健身房鍛煉身體，這讓她在工作中思維敏捷，並具有很好的抗壓能力；而小廣由於常年疏於運動，身材日益肥胖，在工作中的反應能力也沒有小步那麼快。

其實，不同的運動有著不同的效果，舞蹈會增強平衡能力；搏擊會鍛煉大腦的觀察力、思維的活躍度……。**不管是何種運動，都會讓你在進行的過程中，讓自我實現的需要變得強烈，使克服困難的意志和取勝**

的信念更為堅定。因此，養成運動的習慣，不僅能讓身體變得輕盈有力，更重要的是可以讓充分的氧氣供應大腦血液，大大增強你的思考能力，鍛煉你的意志[2]。

總是宅在家裡玩遊戲不是一個很好的習慣。

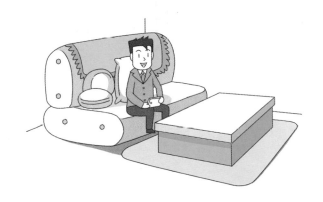

適當的體育鍛煉也能夠開發智慧。

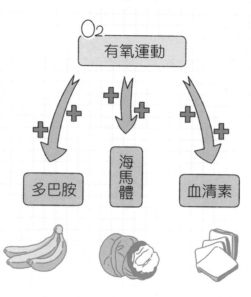

運動提高腦力

有氧運動

多巴胺　海馬體　血清素

運動，尤其是有氧運動能夠促進多巴胺等有益成分的產生。

　　仔細回憶一下少年時期騎單車的感覺，風從耳邊呼嘯而過，是不是一種美好愉悅的體驗？

　　其實，產生這樣美好的情緒是因為運動時血液迴圈加速、大腦攝入了更多的氧氣，隨後分泌出了荷爾蒙「多巴胺」，讓我們的心胸開闊、精神愉快，所以才會

有這種美好愉悅的感覺。有氧運動能提高幸福荷爾蒙——「血清素」和快樂荷爾蒙——「多巴胺」，有助於讓我們保持清楚的頭腦和良好的情緒。不僅如此，它還能使大腦的海馬體產生新的神經元，從而大大提高大腦開發的可能性。

現代人常常會以工作太忙、學習太累等藉口而不去運動，辦了健身卡也沒能堅持每天去，制訂了運動計畫也無法高效地去完成……，如此種種不好的習慣，讓身體和大腦錯失了很多鍛煉的機會。

其實，培養自己的運動習慣是一件讓人樂在其中的事，日本作家村上春樹堅持長跑，而這為他的創作提供了不竭的源泉。所以不要再做「沙發上的馬鈴薯」了，帶上裝備跑起來，用運動去促進腦細胞的發育，讓不斷的刺激提高大腦對外界的反應能力，讓自己變得更加健康、快樂吧！

不是只有思維訓練才能提高腦力，對它有幫助的，還有運動。

3 培養早起的習慣

　　日出而作、日落而息是古老的規律。而現在的年輕人卻喜歡晚上熬夜，白天補覺，這是一種壞習慣。有研究表明，早睡早起的人情緒更穩定，精力也更為充沛。同時，早起有助於人們減少壓力，更從容地進行每一天的規劃。養成早起的習慣後，你會發現整個人都神清氣爽，幫助你早早做好安排，胸有成竹地迎接新的一天。

　　小廣是個工作勤奮的青年，卻有一個不好的習慣——賴床。這種壞習慣使他每天從早晨開始一直到晚上入睡前，都感覺精神萎靡。可想而知，這樣的精神狀況也讓他工作起來效率低下。

　　而小步則一直堅持早起，每天起床梳洗完畢後，還能抽出時間為自己做一頓豐盛的早餐。此外，早起還讓她收穫了許多意想不到的快樂——上班的途中不那麼擁堵了，清晨的風吹在臉上也讓她覺得一切都新鮮和充滿希望，即使是週末的清晨，她也會早早起床，為自己和

家人做上一頓簡單營養的早餐，給陽臺的植物澆澆水，或是出去晨跑一圈，看著朝陽冉冉升起……，這一切在她眼裡都顯得十分美好！如果你也養成早起的習慣，這樣的美好也將貫穿你的整個生活。

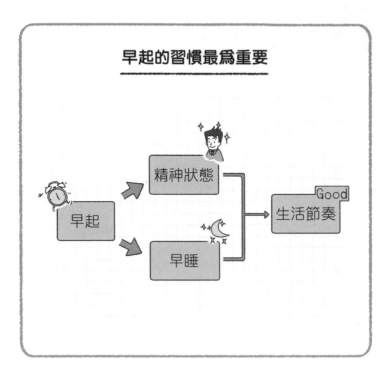

早起的習慣最為重要

恒定的起床時間是形成生活節奏的重要因素，而**早起是眾多習慣中最高級別的習慣，它會直接對一天的狀態和早睡的習慣造成影響。**那麼，怎樣才能成為一個習慣早起的人呢？

利用「21 天的堅持就能養成一個習慣」的理論，我們首先將早起的具體時間確定好。與高呼「我明天要早起！」的口號比起來，定一個六點整的鬧鐘更為實際。其次，制訂一個計畫，不要急於求成，也不要妄自

菲薄，每天進步一點點就是好預兆。如果你的目標是每天 6:00 起床，一開始你可能根本做不到，所以可以試著先從 6:30 起，每天早個 5 分鐘，慢慢堅持下去，給身體和大腦一個緩衝的餘地。

養成早起的習慣，一定要有強大的心理暗示。其實，如果你體驗過早起，並愛上這種令人精神抖擻的感覺，那麼，你就有足夠的理由堅持早起了。除此之外，還可以再羅列一下支撐你堅持下去的動力，例如：早起可以吃到街角那家好吃的包子、早起可以提前到辦公室寫一會兒手帳、早起可以從容地化個美美的妝。這些小小的心理暗示都是讓你養成好習慣的有力助手，讓你真正成為那句話所描述的——每天叫醒我的不是鬧鐘，而是夢想。

早起是眾多習慣中的國王級別習慣，努力養成這個珍貴的習慣，讓它帶領你的生活走向美好吧！

4 挑戰自我的習慣

　　在工作和生活中，我們總會發現這樣的人，他們勇敢並堅強，柔和的外表下有著不一樣的魄力和韌勁，敢於涉足自己從沒嘗試過的領域，並且執著地闖出一番天地來。

　　小步就是其中的一員。在工作中，她勇於嘗試新事物，敢於挑戰自我，為了贏得大客戶的策劃案的機會，她不斷修改、不斷爭取，在具體的業務操作中反覆琢磨、精益求精；而小廣則因為總覺得自己能力不夠，無法勝任大客戶的方案，而總是想辦法推掉了林組長給予他的機會。毫無疑問，勇於挑戰自我的小步最終贏得了與大客戶合作的機會，畏首畏尾的小廣卻因為一次又一次的推脫而錯失良機。

　　生活中有太多這樣的例子，你想學鋼琴，可沒有樂理基礎，於是放棄；你想養一隻小狗，可是沒有養過，想想有些困難，還是算了；上司給了你一個新的專案，

你從沒做過，生怕出錯，極力推掉了……。所有的膽怯都成為了扼殺自己創造力的兇手，你不嘗試，怎麼知道自己能不能做好呢？那些需要你不斷走出舒適區才能完成的事，往往能給你帶來無與倫比的回報。

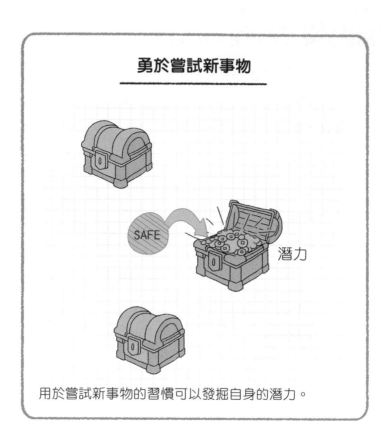

勇於嘗試新事物

SAFE

潛力

用於嘗試新事物的習慣可以發掘自身的潛力。

　　不斷挑戰新事物，才能讓自己變得積極而有活力，思維的活躍和勇往直前的鬥志能讓你煥然一新。

　　我們會害怕失敗和變故、害怕人們議論紛紛，但事後卻總是後悔當初為什麼沒有下定決心去嘗試一下，總是會想，如果當初勇敢地進行了嘗試，或許自己也能成為一個有成就的人。我們之所以會害怕，是因為人的潛

意識會不自主地選擇留在安全地帶，停留在那一小塊的心理舒適區裡，這個舒適區讓人感覺輕鬆，卻會使人生挖掘潛力的機會不斷喪失。

其實，很多事情並沒有想像中那麼困難，消除恐懼最好的辦法就是去直接面對那個讓你恐懼的事情。麥可喬丹曾經說過：「我的一生中失敗一個接著一個，這就是為什麼我能夠成功。我從未害怕過失敗，我可以接受失敗，但我不能接受沒有嘗試。」

所以，不斷鼓勵自己去養成敢於挑戰的習慣吧！挑戰，能使自己大腦的神經元更強而有力地結合起來，讓自己的大腦變得更加聰明。而每一次挑戰成功，都會讓你變得更自信，也會讓你將一個陌生的領域成功地劃入自己的舒適區中。要知道，一個人的舒適區越大，他就越有可能獲得想要的成就。

對習慣的養成不能安於現狀，要學會不斷地走出舒適區迎接挑戰，把每一次挑戰當做挖掘自己潛力的機會，你的生活會充滿無數可能性！

5 多樣化讀書的習慣

世上有三樣東西是別人拿不走的：看過的書、吃下去的食物以及心中的夢想。

讀書，是最簡單，也是最高貴的習慣。讀書可以開闊視野，建立一個內在豐富的精神家園。而多樣化讀書的習慣，更加適應現代的生活，因此，無論如今數位化的閱讀有多常見，我們都要養成多樣化閱讀的好習慣。

隨著時代的發展進步，人們可以選擇的讀物呈現出多樣化的趨勢，文學名著、實用性的工具書、畫冊等，不同的書籍滿足了人們不同的需求。與此同時，人們閱讀的方式也呈現多元化趨勢。有的人喜歡閱讀滿手書香的紙質書；有的人對方便快捷的電子書更為青睞。不管選擇何種讀物和閱讀方式，只要是對自己有益的，就值得堅持下去。

每個人每天都應該抽出一點時間用於讀書，可以是臨睡前靜下心來翻幾頁名著；也可以是通勤的路上用電子設備讀一些現代詩；可以是在清晨翻閱一份報紙；也

可以在下班途中看幾篇散文，**閱讀應是一生保持的好習慣，你的氣度和涵養都在你讀過的書裡。**

睡前可以閱讀幾頁名著。

搭捷運的空檔也可以閱讀。

下班後可以在沙發上閱讀報紙。

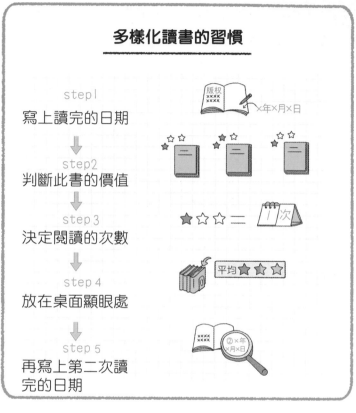

多樣化讀書的習慣

step1
寫上讀完的日期

step2
判斷此書的價值

step 3
決定閱讀的次數

step 4
放在桌面顯眼處

step 5
再寫上第二次讀完的日期

　　我們應該如何培養愛讀書的習慣，並讓這習慣陪伴一生呢？興趣和目的是最好的導向，只有不斷地堅持，才能讓讀書成為生活中不可缺少的部分，也才能品嘗到讀書的益處和快樂。

(1) 寫上讀完的日期

　　讀完一本書後，可以在最後一頁寫上讀完的日期，這個記號會提醒自己——「已經讀完一遍啦！」，這樣

一個小小的儀式會讓自己有些許成就感。

(2) 判斷重複閱讀的價值

合上書頁，靜心判斷一下，這本書是否還有再讀的必要。「嗯，書裡介紹的理念和收納方法我需要時常看看。」或是，「這本書裡都是作者意識流般的自言自語，看一遍就可以了。」

(3) 記錄之後每次閱讀的日期

前面事項都完成，準備開始第二遍閱讀時，記得在第一次讀完的日期旁邊，寫上編號，之後如果再讀，可以根據重複閱讀的次數，再依次編號。

當你某一天再次讀完了同一本書，你可以在編號後寫上日期，方便記錄整理，也能有效地回憶。

(4) 儘量放在顯眼處

當你決定了這本書還需要再讀時，就把它放在顯眼的地方，像是桌面上，或是書櫃的最外側，讓自己在需要時能迅速找到它。

閱讀不一定非要有大片集中的時間才能實現，把零碎的時間用於閱讀，會使你變得更有涵養和氣度。

在閱讀的同時，要下意識地選擇有價值的資訊，懂得取其精華、去其糟粕。

6 用目的論考慮的習慣

我們做任何事情，都是以達到好的目的為出發點，可以說，達到目的是促使我們做事的動力。正是因為想要快速地到達目的地，人們才發明了火車、飛機；也正是因為想要更便捷地溝通交流，互聯網才得以蓬勃發展。

原因論的導入是為了讓我們明白問題如何來，而目的論則是為了讓我們明白問題應該如何解決。

在工作中，小廣習慣於強調原因論，總愛思前想後，不是覺得上司交辦的任務沒有道理或不近人情，就是覺得這項任務的可操作性很低而拒絕接受，這使得他在工作中成績平平，一直得不到上司的認可；而小步每每接受到新的任務時，總會努力去尋找解決問題的方法，她的思維也在屢次的更正和探索中不斷地得到鍛煉。

所以，當我們習慣於用目的論去考慮問題時，我們應該首先想到，這些有難度的任務，若是能得到完美的解決，那將會對整個團隊甚至整個公司的發展起到良好的推動作用。這樣一來，面對工作時你就不會一味地抱怨和抵觸，而會用新的思維方式去尋求破解方法。

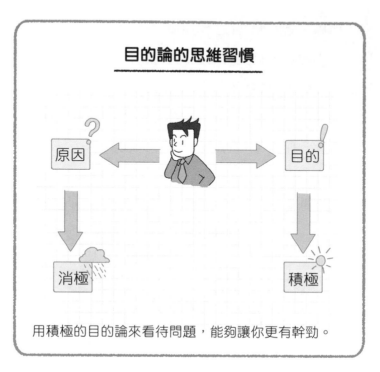

目的論的思維習慣

原因 ? 目的 !

消極 積極

用積極的目的論來看待問題，能夠讓你更有幹勁。

　　人們慣用的思維方式是原因論，思考問題喜歡從原因推出結果，或從結果反推原因，很少去深層次地思考這樣做的目的何在，這在很大程度上限制了我們的思維，使得我們在尋求解決方法時做很多無用功。雖然很多時候多問幾個為什麼能找到原因，但是過度地強調原因論，容易造成潛意識裡危機四伏，招致消極心態。

　　當我們習慣用目的論去考慮問題時，自己就很容易跳出因果關係的束縛，用一種更為直接、高效的態度去

看待原本熟悉的一切，也將會產生更有針對性、實用性的方法和思路。**目的論的主旨在於，一切事物的運動、發展和變化都有著目的性。**這種思維，往往能夠給你帶來新的思路。

如此看來，「要這樣的話該怎麼做才好」「如果要達到那樣的目的，我必須這樣做」……，目的論能讓你更加積極地面對問題，無論對解決工作還是生活中的問題都會十分有益。

養成用目的論思考的習慣吧！它會讓你擁有新的觀察視角和思維方式，讓你變得精幹又有魅力！

在做事情之前思考事情的起因無可厚非，但若是養成「唯原因論」的習慣，很可能會導致消極的心態，失去很多生活中的獲得感和小幸福。

多對自己提一些「要這樣的話該怎麼做才好」的問題，這樣的目的論能讓你更加積極地面對問題。

小技巧：發現新習慣的「列舉法」

　　說了這麼多，是不是躍躍欲試，想要立馬改變幾個壞習慣、或培養幾個好習慣呢？不要感覺無從下手，讓我們一起來試著改變吧！

　　首先，我們要察覺到這些習慣的存在。

　　正如我們之前所說，很多習慣都是存在於潛意識裡的，只有當觸發某個事件時才會出現。所以，在這個習慣出現之前，我們就要敏銳地捕捉到它。比如你習慣了長期熬夜，越來越黯淡的皮膚和動不動就響警號的身體，會時刻提醒你要改掉這個壞習慣，要開始注重養生了。下意識地從自身和周邊的現象去找尋自己習慣的痕跡，當養成了這樣下意識去檢視自己的習慣後，你就會變成一個容易自省的人，改變自己的時候也不會那麼困難了。

　　其次，現狀認識是改變習慣的根本。想清楚如果這樣下去的話，將來會怎樣。如果是好的結果，那麼我們把它們歸類為好的習慣，但如果你想到這些習慣會給將

來帶來危機時，你就要把它們歸類為壞習慣，這個時候就要引起警覺了。要知道，認識到危害才是改變壞習慣的第一步。

所以，下面的做法很有必要。當你想到這些習慣將帶來哪些危機時，把它們一一寫下來，這樣的話，這些習慣將會更鮮明清晰地呈現在你面前。把心裡的隱患都寫在紙上，也便於大腦暫時地騰空去進行思考。例如，你是一個夜貓子，你發現自己越來越容易感冒時，反思到可能是不好的生活習慣讓身體變差了。接著，你開始排查自己的生活習慣，認為「晚睡」這一點是個很不好的壞習慣，你想要改變它。

此時，請拿出一張紙，寫下晚睡的危機吧：

A 白天沒精神

B 皮膚變差

C 視力下降

D 免疫力下降

E 上班總是遲到

F 整個人變得冒冒失失

G 易怒

H 覺得時間被浪費，心理上有懊惱感⋯⋯

如果你沉迷於玩遊戲的話，也把危機寫下來，看著這樣的壞習慣時，你就會想到：你的視力會因此而下降、身體會變差、伴侶之間也容易發生爭吵。如果你是個不愛看書的人，那麼也把危機寫下來，你會發現長期不讀書，會導致知識貧瘠、思想匱乏、工作成績停滯不前、生活狀態空虛無聊。

　　所以，拿起你的紙和筆，絲毫不隱瞞地寫下這些隱患吧！當你一條一條寫下它們時，才能讓大腦對自己的壞習慣印象深刻，使改變壞習慣的動力越發充足，你才有足夠的覺悟去執行糾正措施。與此同時，這樣具備儀式感的記錄，會讓你自己不自覺地產生強大的心理暗示。心理暗示達到了一定的程度，就會變成你強大而持久的動力，支撐著你度過這一段改變壞習慣的艱難旅程。

簡單實踐法：寫出隱患

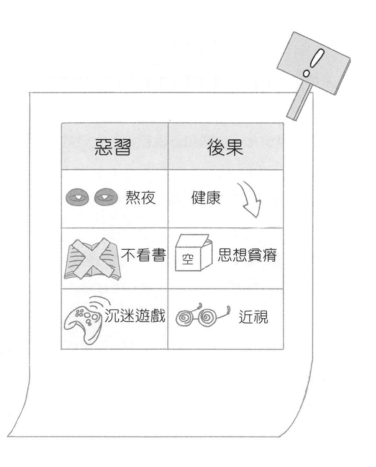

惡習	後果
熬夜	健康 ↘
不看書	空 思想貧瘠
沉迷遊戲	近視

總結篇

1. 不斷地應對良性的改變，從而形成好的習慣。

2. 將運動常態化，身體和心理都會發生好的轉變。

3. 早起是眾多習慣中的最高級別習慣。

4. 不斷挑戰新事物，才能變得積極而有活力，思維的活躍能讓你煥然一新。

5. 無論如今數位化的閱讀有多常見，我們都要養成多樣化閱讀的好習慣。

6. 達到目的是促使我們做事的動力。

POSITIVE HABIT

CHAPTER 3
提高習慣力的方法

　　習慣的養成不是一朝一夕的事情，貴在堅持。三周，二十一天，當身體和大腦都形成慣性後，好習慣就會置入你的自我程式，隨時隨地都能正確「開啟」。如果想將自己目前的生活習慣全部推翻，去養成新的習慣，會比較難；但如果循序漸進，先從改變小的壞習慣開始，慢慢養成新的好習慣，就會變得容易多了。

1 三周就能養成好習慣

　　我們都知道，習慣的養成不是一朝一夕的事情，貴在堅持。但習慣的養成也並沒有想像中那麼困難，其實只要三周，大腦和身體就會形成慣性，把好習慣置入你的自我程式。

　　在這三周內，每天都要堅持這個習慣，找到持續去做這件事的動力開關，並且可以適度地獎勵或懲罰自己，或者找他人監督等。人本來就是依賴於習慣的生物，好習慣養成之後，工作和生活效率自然而然就會提高。因此，**如果你想自律，就先放棄時間管理的念頭，從養成好習慣開始，堅持三周，你會發現一個全新的自己。**

　　當三周後，你的習慣養成了，就不用再耗費太多的意志力去執行這個行為了。正如我們每天早晨刷牙，已經形成固定的模式，就沒有人會有「我要堅持早上刷牙」這種觀念。而那些最初沒有運動習慣的人，在經歷了三周中每一天不斷重複，會形成一個慣性，如果不去

健身反而會覺得不踏實。如此一來，健身的習慣也就算是初步養成了，接下來就需要跟隨這個慣性，去保持好健身的行為了。

任何習慣只要堅持三周就一定能夠養成。

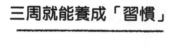

三周就能養成「習慣」

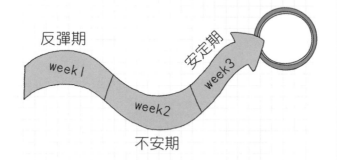

反彈期

week1

安定期

week3

week2

不安期

之所以在這裡說三周是因為在這三周裡會經歷三個不同的時期，而每個人所歷經各個時期的時間還會有所區別。

這三周並不是那麼容易度過的，它分為幾個階段。

(1) 第一周：反彈期

新習慣才剛剛開始養成，每一天都面臨著放棄的危險。健身的第一天，你豪情萬丈；第二天，你還有一些激情；第三天，好久不見的朋友難得一起吃飯，那就不去健身了；第四天，今天上班有點累，休息一天好了……，這就是反彈的軌跡。因此第一周尤其關鍵，在培養習慣的初期，無論多忙多累，都要堅持這個習慣，哪怕只是很短的時間，也要保持著一種延續感。

(2) 第二周：不安期

進入第二周，你也許會因為健身沒有效果而焦慮，或是開始產生厭煩的情緒。這是很正常的，你只需要在這一階段重新給自己鼓勵，將事先制訂的計畫再大聲朗讀一遍，或是請幾位好朋友督促你，找幾個志同道合的夥伴一起加油等等，就很容易再次找到當初的激情。

(3) 第三周：安定期

到了第三周，你會明顯發現，自己似乎並不需要耗費多大的意志力去刻意堅持了。身體和大腦大多已經習慣於去完成這件事，這說明好習慣已經開始安營紮寨了！

為了安全度過這三周，建議把要養成習慣的負荷量減輕，三周後形成習慣了再加大強度。一般來說，**一次只能養成一種習慣，不要一開始就對自己高標準要求，從最簡單的開始循序漸進比較好。**

建議大家在最初培養習慣時，不要給自己定太高的目標，從最簡單的習慣開始即可，畢竟養成習慣不是一朝一夕的事，它需要腳踏實地不斷堅持。

2 養成好習慣的蝴蝶效應

　　好的習慣會帶來一系列好的連鎖反應，正如「吸引力法則」所說，當你內心充滿期待時，一切你希望的東西就會接踵而來。同樣，當你形成了好的習慣，更多的益處也將會隨之而來。

　　小步原本只是希望上班不遲到，所以就強迫自己養成早睡早起的習慣。而當這個習慣養成後，她驚喜地發現身體變得有活力了，皮膚似乎也變得有光澤，工作起來更加精力充沛，人也變得快樂積極了；而小廣總是沉迷於熬夜玩遊戲，不僅讓自己的精神狀態變差，黑眼圈、眼袋、痘痘這些小毛病也漸漸地浮現在了他的臉上。不僅影響了美觀，也因為精神萎靡影響了工作。

　　這就是好習慣的蝴蝶效應所帶來的驚人效果。

　　找到觸發自己積極連鎖反應的「開關習慣」，讓這些開關習慣優先形成是打破困境的一個好辦法[3]。當你因為一個好習慣的養成而讓更多好習慣接踵而至時，你

會收穫一個快樂和積極的狀態，也就更容易將這些習慣都保持住，逐漸改變你的生活現狀，向著更好的方向發展。

總是熬夜玩遊戲會導致第二天精神萎靡。

早睡早起才有好的精神狀態。

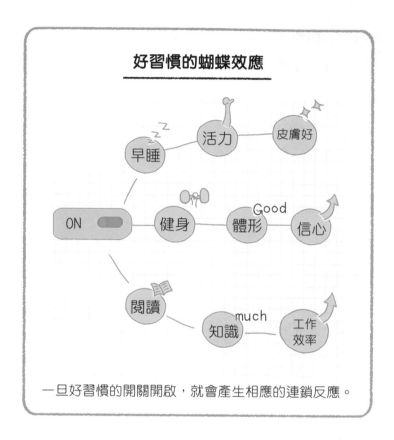

好習慣的蝴蝶效應

一旦好習慣的開關開啟，就會產生相應的連鎖反應。

　　如今在網路上，很多人會自發地組織成小團體，一起去養成好習慣。常看到有人列出的目標包羅萬象——既要減肥運動，又想學習畫畫；既想在工作中取得突出的成績，又希望能有更多自由支配的時間等。很多人都知道，要想改變自己的現狀，只養成一個好習慣是遠遠不夠的。因此，他們羅列出能想到的所有好習慣，希望

自己能同時養成。

　　結果可想而知，大多數人都以失敗告終。因為，養成好習慣需要克服強大的惰性和慣性，一下子樹立太多目標，只會讓自己疲於奔命。如果你因為上述的原因而失敗，不必灰心，當一個好習慣成功養成之後，你會獲得很大的滿足感和自信心，整個人變得積極而有行動力，想養成的其他習慣也會在這樣良好的狀態下一一實現。**因為一個習慣成功養成後，就會產生積極的連鎖反應，這些連鎖反應有可能影響到其他的習慣養成。**就像你養成每天清晨讀英語的習慣後，早睡早起也就自然地形成了，繼而會養成三餐固定的良好飲食習慣，而這一切都是順其自然的過程，讓你逐漸接近理想中的自己。

　　　　個習慣成功養成後，會產生積極地連鎖反應，有可能還會影響到其他的習慣養成。所以，找到能讓自己產生積極連鎖反應的「開關習慣」，讓這個「習慣開關」優先形成，是打破困境的一個好辦法。

3 養成習慣的戰略

　　如果你去問問身邊的人，會發現每個人身上都會有一些培養習慣的失敗案例。因為在培養好習慣的最初階段，很多人都會有一個誤區，那就是——我一下子改變所有的壞習慣，就能變成一個更好的自己了。

　　其實，如果想將自己目前的生活習慣全部推翻去養成新的習慣，是十分困難的。當我們想養成習慣時，慣性會阻礙我們，當我們想要改變原有的狀態時，它會千方百計地進行干涉。如果這個時候我們想同時養成多個習慣，那就大大增加了這種阻力。

　　另外，很多人培養習慣時總是急於求成，希望達到立竿見影的效果，導致大腦不能完全跟上腳步。有的人平時害怕多走一步路，卻制訂又要健身又要早起的計畫；有的學生平時學習就懶懶散散，卻制訂了用一個月的複習時間考過托福的計畫；有的職場新人平時在工作中碌碌無為，卻給自己提出三個月大幅度加薪的規劃等，這都是養成習慣中的錯誤策略。

如果能學著循序漸進，先從改變自己的飲食習慣做起，等走上正規後，再加入運動習慣、工作習慣等，就會變得游刃有餘。

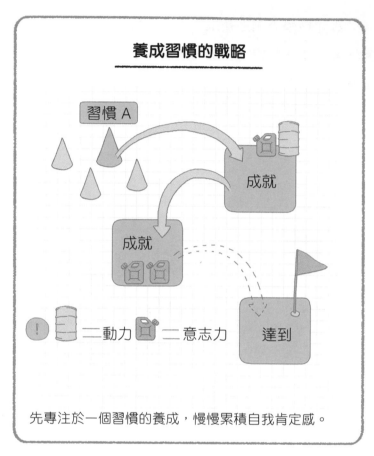

養成習慣的戰略

習慣 A

成就

成就

! ⏺ ＝動力 ⏺ ＝意志力 達到

先專注於一個習慣的養成，慢慢累積自我肯定感。

　　一次性進行革新性的習慣翻新，很容易在初期就使意志力消耗殆盡，最後無功而返。

　　如果我們每次只培養一個習慣，力量就會更集中，慣性阻力也就在可控的範圍內。每次只要求自己改變那麼一點點，給思想減輕負擔。如果你想跑步健身，就不

要一開始就跑上 10 公里，前幾天稍微出去走動走動就好，讓身體漸漸適應運動的狀態後再增加運動量；如果你想背單詞，一開始可以先背 20、30 個，之後再慢慢增加。

當一開始的阻力很小時，你才能從養成習慣中獲得樂趣，而當樂趣大於阻力時，你才容易堅持下去。急於求成的人通常會高估自己的意志力，制訂了周密的計畫，卻常常半途而廢。不要因為這樣就懷疑自己的意志力和堅持力，不如靜下來想想，是不是策略出了問題。每個人都有惰性，但每個人也都有著自己的動力，因此，只要找到好的戰略，養成好習慣就不是一件難事。

所以，請先集中一件事情的習慣養成，慢慢積累自我效力感和自我肯定感，從而補充消耗的意志力，這樣的戰略更有效。

如果想將自己目前的生活習慣全部推翻，去養成新的習慣，會十分困難，不如先把注意力和意志力集中在一個習慣的養成上，這樣的戰略更有效！

4 明確設立目標的數量

我們在工作中常常被要求目標視覺化，同樣，在養成好習慣的過程中，過於空泛的理想很可能讓我們得不償失。所以，我們應該重視設立目標的作用，制訂一些量化指標，讓自己一步一步取得階段性勝利。

小廣最近每天都在高呼「我要變瘦！」，幾個月下來不但不見一點成效，反而胖了幾斤。後來他聽取同事的建議，切實地制訂了一個計畫——「我要在一個月內健康地減掉 3 公斤」，一個月後，竟成功瘦了 5 公斤。

這就是直觀的、量化的資料帶來的奇妙效果。因為直觀的資料會讓大腦形成使命感，也會讓自己在體重數字的減少中獲得成就感，激勵自己更加努力。

設立好具體的資料目標會更容易讓人奮發向上。有些習慣可以用資料來具體化，而有些習慣可以直接用是否達到來進行勾畫。例如，「每天健身」和「每天進行 30 分鐘有氧運動」相比，明顯是後者更為具體。而「每天都要寫日記」這一習慣，就可以用「是」或

「否」來記錄。**針對不同的習慣明確目標，能讓自己時刻受到監督，也是自己對自己的肯定與期盼。**

光靠喊目標是不會有很大的成效的。

有計劃地明確具化目標，更容易讓人奮進。

明確設立目標的數量

	可持續	明確
背單字	✓	✓
運動 30 分鐘	✕	✕
寫日記	✓	✕

日期	完成情況	
6月17	☑ 完成	☐ 未完成
6月18	☑ 完成	☐ 未完成
6月19	☐ 完成	☒ 未完成

那麼，該如何明確設立目標的數量呢？

(1) 找到可持續性的事情作為目標

可持續性是習慣化的有利條件，我們在養成習慣時，從那些每天能切實做到的入手，會比較容易實現，而不是過於苛刻或者培養很難做到的習慣。比如，每天

都要堅持寫工作日記；每天在起床後就喝一杯鹽水；一周做兩次面膜……，這樣的習慣比較容易形成，形成後也比較容易起到效果。但有些習慣的確是比較難以養成的，比如每隔一個季度就整理一次照片；每天保持八小時睡眠；每用一小時電腦就讓眼睛休息五分鐘……。所以，首先要預測自己究竟能不能做到自己所列出的事項，如果確實是難以完成，那麼就要果斷放棄。

(2) 明確衡量自己能否完成的能力

這是一種十分直觀的方式，能明確衡量做沒做到。做到了就是做到了，沒做到就是沒做到。比如寫日記的習慣，每天的記錄就是習慣養成狀況的反映。如果當天有寫日記，那麼就可以在完成日記的那天畫一個勾，反之就畫一個叉，這樣的記錄方式也是一種很有效的激勵。

與其高呼一些空泛的口號，不如切實地制訂一個可行的計畫，並在執行計畫的過程中，嚴格地進行記錄，千萬不能對自己撒謊！

5 找到「開關習慣」

習慣是什麼？其實，**習慣就是一種「不依賴意志和毅力，把自己想要持續的事情變得如每天刷牙般輕鬆」的狀態。**我們可以一邊開車一邊聽廣播，那是因為開車的行為幾乎已經是我們大腦設定的程式了。如此看來，我們有意識的行為是十分有限的，巧妙地利用大腦，可以有效地幫助我們形成好習慣。

因此，我們要找到那些隱藏的「開關習慣」，這類習慣通常只需要花費很短的時間，只是常常會被我們忽略，我們把它們稱之為提醒機制。所以，要下意識地去尋找一些與之相關的小啟示，將習慣行為常態化。

小廣一直想學習外語，但苦於工作太忙而沒有時間去參加補習班。為此他設置了幾個「開關習慣」，像是每天等公車時，就拿出單字卡；每天午休時，就打開詞典進行單詞默寫；在等待正在列印的檔時，就打開手機進行聽力練習，讓身體放鬆。

這些都可以稱之為「開關習慣」。因此，找到合適的「開關習慣」，每天都堅持去執行它們，有助於我們激發自己的潛意識，在養成其他的習慣時就會有事半功倍的效果了。

利用等公車這個「開關」來引導出背誦單詞這個習慣。

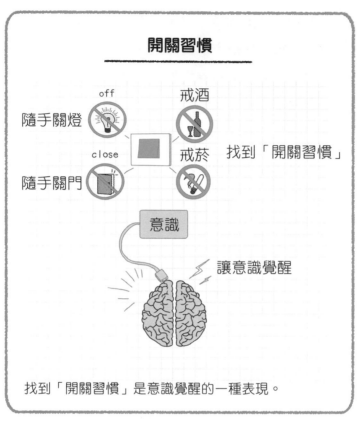

開關習慣

off
隨手關燈
close
隨手關門

戒酒
戒菸 　找到「開關習慣」

意識
　讓意識覺醒

找到「開關習慣」是意識覺醒的一種表現。

　　其實，想要找到「開關習慣」，自主權很大程度上在我們自己手中。

(1) 開關習慣通常是一些小事情

　　這些小事往往是我們最難形成的習慣，例如每天最後一個離開辦公室的人，可以在大門的開關處貼一個便條紙——關閉電源，這也是一個小小的觸發機制，提醒

自己去隨手關閉電源。

(2) 小事情的積累能激發潛在意識的覺醒

在我們尋找到合適的「開關習慣」並堅持一段時間後，我們的潛意識會不自覺地對之前的行為形成記憶，久而久之，這些「開關習慣」就會喚醒沉睡的潛意識，對今後的行為產生指導作用。有的時候，在完成每日習慣後給自己一點小獎勵，也是不錯的辦法。我們把它稱為「糖果開關」。同樣，你也可以根據自己的實際情況選擇合適的開關，讓自己產生愉悅的心情，或者讓自己對未完成習慣的行為進行懲罰等等。

(3) 使大腦活性化，更好地養成其他習慣

大腦習慣於各類「開關習慣」後，會充滿活力，不斷刺激腦細胞也會讓思維變得活躍起來，也更加方便形成其他好習慣。需要注意的是，不要把某一次的中斷當作最終的失敗，要找到原因，避免下次犯同樣的錯誤。

很多習慣通常只需要很短的時間去做，只是我們常常會想不起來。而「開關習慣」看起來不足掛齒，但它們對你培養其他的好習慣有很大的好處。

6 向大家宣言

在習慣養成後，行為會在不知不覺中產生，主動而不吃力，但在養成習慣前和堅持習慣的路途上，並不會那麼一帆風順。所以，**找到一些能給自己鼓勵和監督的方法，把自己內在的主觀能動性和外部的監督力量結合起來，才能更好地推動自己習慣的養成**。向大家宣言，告訴周圍的人自己想要養成什麼樣的習慣，請求他們給予監督。用他們的監督來給自己注入強大的心理暗示，是一種不錯的選擇。

小廣最近有跑步健身的想法，由於沒有找到志同道合的盟友，於是便想了一個辦法讓大家監督自己。他發了一個貼文告訴好友們——「我要開始跑步啦！歡迎監督！」這樣一來，當他每一次懈怠時，就會想起朋友們時刻在監督著自己，又會重新動力滿滿了。而每當他每天上傳跑步的公里數、消耗的卡路里時，好友們的點贊和誇獎也會給他極大的鼓舞。這就是「向大家宣言」的奇妙作用。

讓大家監督自己習慣的養成。

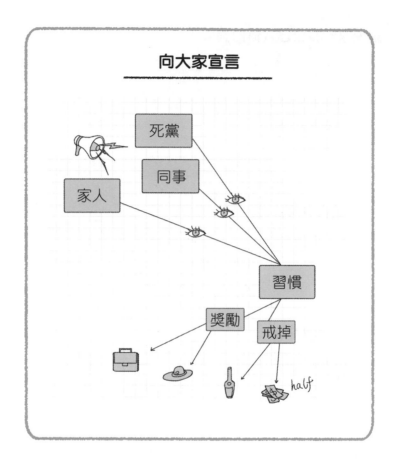

　　為了避免自己成為朋友中言而無信的人，大部分人
是會為了宣言而努力的。但是，如果宣言的物件和方法
不對，就很可能無法對自己習慣的養成起到推動作用，
甚至還可能阻礙習慣的養成。因此，向誰宣言、如何進
行宣言也尤為講究。

(1) 最好多人或特定的人

如果你只對最好的朋友說，「我要開始健身啦！」，也許過了一兩天，你的朋友就會忘記這件事。你也可能會因為「只告訴了死黨，食言了也沒關係」而中止你的習慣。因此，不妨在 Facebook 發出宣言吧！讓更多的朋友看到你的決心，加入到督促你的隊伍中。

(2) 意識到身邊監視的眼睛

找到那個最希望你改變的人。例如，你的伴侶很希望你戒煙，那麼當你要改變吸煙的習慣時，你告訴身邊的伴侶會比告訴那些和你一樣是癮君子的朋友更有效。

(3) 確立沒做到的懲罰內容

制訂好獎懲措施十分必要。「我從今天開始備戰托福。考到 500 分以上就去歐洲旅行，考不到的話我就請大家吃紅屋牛排！」這樣獎懲分明，會讓你的朋友們更有參與感，會更加積極地加入到激勵你的行列中。

不要害怕讓大家知道你要改變自己，他們很有可能會成為好習慣養成的一大助力。

小技巧：確定自己眞正目的 step

很多時候，我們想要戒掉或者養成某個習慣，會借助另一習慣的行為來輔助這個習慣的消失和形成。比如在戒煙時，一犯煙癮就吃顆糖，但其實我們並不是想養成吃糖的習慣，它只是我們戒煙的一種手段，並非真正的目的，戒煙才是真正的目的。同樣，想要養成早睡的習慣，會提前做瑜伽來促進睡眠，而做瑜伽也不是我們的真正目的，我們的真正目的是早睡。這樣看來，確定目的好像並不是那麼困難，可實際情況往往要比想像的複雜許多。那我們應該如何找到自己真正的目的呢？

(1) 寫下打算養成的習慣 A

在紙上將你想要養成的習慣 A 羅列出來，例如早起、對人和善、每天都跑步等。

(2) 形成習慣 A 的目的 B

寫下這些習慣的目的 B。想要養成早起的習慣，是為了能讓自己更有精力；想要養成對人和善的習慣，是為了使自己更有人緣；想要養成每天跑步的習慣，是為

了讓身體更加健康……等。

(3) 做到目的 B 後的目標 C

　　思考一下，如果這個目的 B 達成了，還會不會有其他的目標 C。比如每天堅持早起，發現自己的精力越來越充沛後，又想要借助這樣的良好狀態，在工作上更加努力，取得更好的工作表現。

(4) 目標 C 做到後，還想完成目標 D

　　當工作表現亮眼（目標 C）時，又會想要拓展自己各方面的領域（目標 D），讓自己的知識底蘊更加深厚，專業技能更加嫺熟。

(5) 目標 D 做完了，還想做什麼？

　　在自己各方面的領域得到拓展後（目標 D），還可能會想尋找對自己更有價值的事，比如不想再為了生計而奔波，在賺錢的同時，又能做自己最想做的工作。

(6) 找到自己最終想做什麼？

　　我們在養成和堅持習慣的途中，要時不時地檢查自己的行為是否偏離軌跡，不要忘了自己的初衷。如果你想要早起的原因是想收穫一個健康的身體，那麼在工作中取得更好的成績，或者豐富自己的內在等其他的因素，都是你在達到目的的途中所延伸出來的附加願望，

它們都不是你的真正目的，你的真正目的是收穫一個更健康的身體。

最終你也許還會發現，想要養成對人和善的習慣，最終目的不是讓自己獲得好的人緣，而是希望自己成為一個內心平和從容的人；想要養成跑步的習慣，最真實的目的不是提升健康指數，而是想讓自己看起來身材凹凸有致……。當你學會了羅列習慣和目的，層層抽絲剝繭地思考下去，你就會明白自己真正的目的究竟是什麼，才能將眼前層層的迷霧撥開，最終找到最有力也最直接的動力。

不要忘了自己養成習慣的目的，按照下面的步驟，趕快找出自己真實的想法吧！

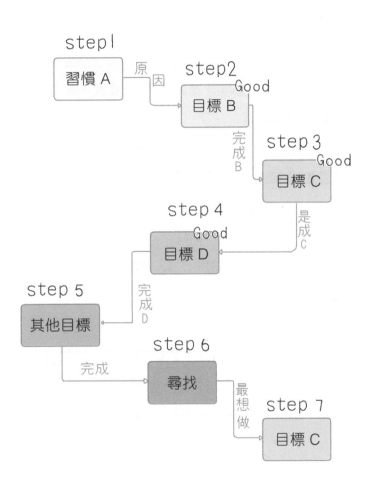

總結篇

1. 只要三周，大腦和身體就會形成慣性，把好習慣置入你的自我程式。

2. 好習慣會帶來好的連鎖反應，將更多的益處吸引過來。

3. 每次只培養一個習慣，力量才會集中，慣性阻力也在可控的範圍內。

4. 設立好具體的資料目標，會更容易讓人奮發向上。

5. 找到一些與習慣相關的小啟示，將習慣行為常態化。

6. 將每一天的小習慣完成後，公佈出來，讓更多的人來監督自己。

CHAPTER 4

養成習慣的過程

　　習慣的養成並不是一帆風順的,有反覆、有倦怠是很常見的。不管是好習慣還是壞習慣,養成一個習慣還是需要一個或長或短的過程。當一個好習慣養成的過程十分艱難時,只要用些小技巧再堅持一會兒,很快就會突破,離成功就不遠了。

1 養成習慣的三階段

　　雖然我們說養成一個習慣需要三周的時間，但實際上，三周時間只是讓你的大腦和身體習慣這種慣性，如果要真正讓習慣紮下根來，可能還需要一段時間的鞏固[4]。而且，**習慣養成所需要的時間長短，與具體的習慣種類也有關係**。不同的習慣，其引力作用也會不同。根據習慣引力的強弱，我們可以將習慣分為行為習慣、身體習慣、思維習慣。

　　一般來說，養成行為習慣的時間比較短，一個月就能讓你產生慣性，比如寫日記、隨手關燈等；身體習慣則是與你的生活節奏息息相關的，比如健身的習慣、戒煙的習慣等，大致都需要三個月才能穩定下來；而思維的習慣是所有習慣中最難養成，也是最不明顯的，例如你的邏輯思考能力、思維習慣、性格等，這類習慣的養成，都需要六個月以上。而無論是哪一類型的習慣，其養成的過程都會經過三個階段——反彈期、不安定期、倦怠期。

反彈期

不安定期

倦怠期

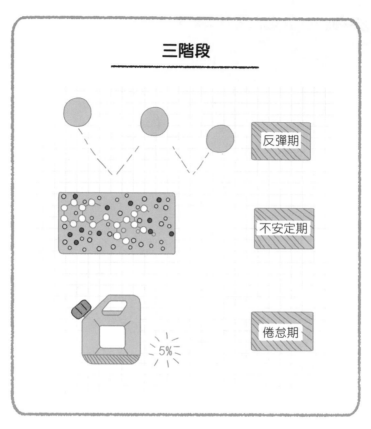

接下來我們用行動習慣的案例來進行分析：

(1) step1：反彈期（1~7 天）

在這個開始階段，我們每時每刻都會想要放棄，將近一半的人都會在此遭受失敗。在這個階段中稍微鬆懈就會前功盡棄。所以，我們應該把重點放在動作上，「做下去」，不要那麼在意結果和成效。

(2) step2：**不安定期**（8~21 天）

　　這個階段中，由於自身和外界的不安定因素的影響，許多人會敗下陣來。此時要建立一個行之有效的觸發機制，用富有彈性的計畫、嚴明的獎懲制度或是朋友們的監督鼓勵等，來巧妙地應對困難。將習慣固定為一定的模式（時間、地點、方法），培養起節奏感和行為慣性，並找到讓自己持續獲得動力的習慣開關。尤其是對於新手來說，習慣養成中的不安定期會比較長，這個時期中會有各式各樣的負面情緒，導致習慣就此終止。因此，可以適當地延長這個階段，讓自己與惰性多鬥爭一段時間，徹徹底底地打敗它。

(3) step3：**倦怠期**（22~30 天）

　　這時你會逐漸對形成習慣的行為產生厭煩。這時，不妨來一些改變，避免產生的無聊感。例如，在跑步健身中加入新的路線，或是在日記中增加畫畫的部分等，用新的改變刺激大腦皮層，從而產生新的動力。

習慣的養成並不是一帆風順的，有反覆、有倦怠是很常見的。

2 小步伐行動，定量化分析

在養成習慣的過程中，許多人都有過貪多、貪快的行為誤區，例如突然制訂明天開始每天背 100 個單字、每天都要早起跑步等計畫。其實，這類目標看似能讓你充滿鬥志，實際上動力卻很小，也不容易堅持，往往會因為長久以來積累的巨大惰性而慢慢被放棄。

所以，想要成功地養成習慣，要先問問自己——在三分鐘熱度退去後，究竟是什麼力量會支撐自己繼續堅持下去？**與其在急功近利中一次又一次失敗，不如小步伐行動，獲得小小的成就感，從而繼續形成習慣。**

在準備改變時，制訂一個比較容易完成的小任務，與短週期會更有效。等這個週期完成，有了一定的狀態和節奏後，再加大任務，之後形成習慣就比較簡單了。這樣做的效果非常明顯，一般來說，小事比較容易完成，你行動的壓力感就會減少，成就感也就會不斷增多。當你的小習慣漸漸形成，你將會有新的節奏感，也

將養成「堅持」的心理暗示，而這些，也是你後續習慣養成中的不竭動力，你的行動力由此不斷得到補給。

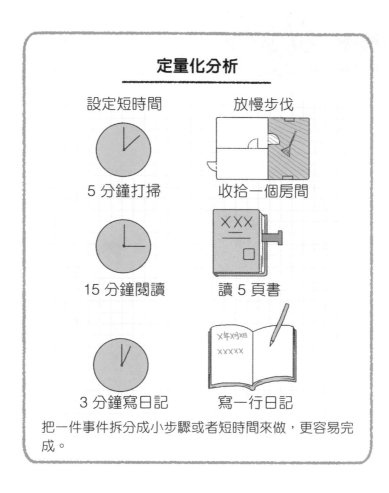

定量化分析

設定短時間	放慢步伐
5 分鐘打掃	收拾一個房間
15 分鐘閱讀	讀 5 頁書
3 分鐘寫日記	寫一行日記

把一件事件拆分成小步驟或者短時間來做，更容易完成。

　　在堅持習慣養成的過程中，誰都會有懶惰或拖延的時候，有時候你會對自己說：今天太累了、明天還有考試、最近天氣不好……等理由，你就很有可能中止你的習慣，而一旦堅持的行為節奏被打破，想要再接續的話

就需要更多的意志力了。這時，我們可以用一些簡單的方法來躲避這些干擾：

(1) 設定短時間

我們可以試著用 5 分鐘來收拾屋子、15 分鐘來讀書、3 分鐘快速地寫完當天的日記等。用制訂短時間的方法，讓習慣不斷分解成容易達到的小目標，這樣也就更有利於堅持。每天做一件小事，慢慢養成堅持的習慣，這個習慣將會擴展到你生活學習的其他方面。

(2) 放慢步伐

將習慣任務定量化，比如日記只寫 1 行、每次只收拾 1 個房間、每次讀書只讀 5 頁……，這樣一來，原本看似宏大的計畫，分攤到每天也只是需要一點點的小堅持，這樣是不是更加讓你充滿信心呢！所以，在習慣的養成中，學會放慢腳步，制訂切實可行的計畫，腳踏實地，你會漸漸懂得循序漸進的道理。

記得克服急於求成的心理，在「每天進步一點點」的鼓勵下，循序漸進地達到目的。切勿在急功近利中一次又一次失敗，小步伐行動，獲得小小的成就感，從而形成習慣。

3 將習慣做模組化處理

習慣養成的另一個好助手就是將你的行為模組化。簡單來說，就是把你想要養成的習慣變為一種固定的模組，比如固定的時間、固定的地點、固定的做法等。

例如一名學生，他發現自己在清晨背單字的效率會特別高，那麼他在培養背單字習慣時就可以固定在清晨去進行；一名作家發現自己在朝南的房間裡寫作時總是很有靈感，那麼他就可以固定在朝南的房間進行創作；職場新人發現每天書寫工作總結和工作計畫，會讓自己的思維得到整理，那麼他就可以在每天下班前進行工作總結，並對第二天的工作進行規劃……。

身體在日復一日的行為重複下，會形成習慣。慢慢地，這種習慣會進入固定的模組，從而產生節奏感，這就是習慣模組化。這樣一來，我們就很容易在固定的模組中找到激情和動力，迅速地進入習慣培養的狀態中。而這種把習慣嵌入生活中的行為，既能提醒我們，不容易忘記執行，又能使我們逐漸能夠無意識地去重複行

為，讓習慣慢慢得到養成。

用一種固定的模組來說明習慣地養成。

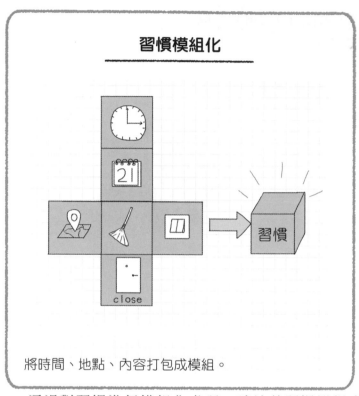

將時間、地點、內容打包成模組。

通過對習慣進行模組化處理，讓培養習慣變得容易。

(1) 明確時間

決定在每週的星期幾，或是每天的哪個時間段去做這件事。我們可以列出一個時間表，將每一時段中應該做的事情進行細分，例如，6:00～6:20 晨間洗漱；17:10～17:20 工作總結與計畫；21:30～22:00 睡前閱讀

等，都是一些很明顯的時間模組。這種方法能讓你在完成某件事情的時候，始終有一個嚴謹的時間觀念，行動起來會更有效率。生活和工作中的很多行為習慣，都可以用這個方式來培養。

(2) 明確內容

這個模組決定了習慣完成的量和方法。例如將健身模組化後，可以簡化為：慢跑半小時＋器械半小時。讓你不用為從什麼運動開始做起而糾結，也可以避免因過度鍛鍊身體的某一部分而導致肌肉過度疲勞。同樣，讀書這一習慣也可以簡化為：每天閱讀一個章節。讓讀書不僅僅只是走馬觀花式的瀏覽，使思想得到沉澱。

(3) 明確場地

地點模組決定習慣在哪裡進行，正如我們說到朝南的房間會讓作家文思泉湧，有著專業設備的琴房能讓音樂家狀態特別好等等。在感到舒適的環境下進行特定的行為，會讓你在培養習慣的過程中不那麼容易懈怠。

在習慣的養成中，不要忽視時間、地點、方式對習慣的作用。習慣的模組會嵌入大腦，讓你時刻不忘自己的使命，從而在執行時讓思想不斷地得到強化和鼓勵。

4 如何處理例外情況？

　　在習慣的培養和堅持過程中，我們需要強調的一點是——**要打破自己的完美主義傾向！**

　　養成習慣是一個漫長的過程，無論計畫再怎麼周密，要二十一天或者一整個月都遵守，是比較困難的。很多突發事件會導致習慣的中斷，例如心情低落，或是身體情況不好等。這種時候，我們就需要設置一些例外規則來靈活應對多種情況，而這**不是為了讓你放棄自己的習慣，而是讓你能夠更好地堅持下來。**

　　小廣最近為了拓展自己的業務，打算開始自學外語。開頭兩個星期，他還保持著高度的熱情，每天都按時按量完成自己安排的任務。可兩個星期後，疲憊感和厭倦感就侵襲而來了，於是他開始拖延時間，並大幅度減少任務量，導致最後醒悟過來的時候因為忘記了之前學習的內容而又重新開始。

　　其實，小廣可以給自己設置一些例外的規則，比

如，某天下班後實在太疲憊，就不要學習，或者週末的時候給自己放一天假，放鬆自己一周以來緊繃的神經。

設置例外規則

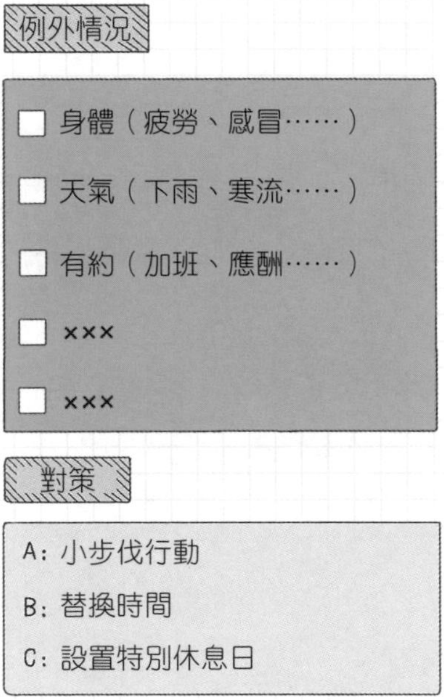

例外情況

- ☐ 身體（疲勞、感冒……）
- ☐ 天氣（下雨、寒流……）
- ☐ 有約（加班、應酬……）
- ☐ ×××
- ☐ ×××

對策

A：小步伐行動
B：替換時間
C：設置特別休息日

設置例外規則不僅可以讓計畫具備柔軟性，也能緩解壓力。

設置有彈性的例外規則，能讓你靈活地應對各種突發的情況，不容易產生負罪感和消極感[5]。

(1) 羅列可能有的例外狀況。

A 身體情況：疲勞、感冒等

B 天氣情況：太熱、太冷、下雨等

C 預約事項：突然加班、事故、應酬聚餐等

(2) 事先想好應對的方法

A 小步伐行動：讀書每天只讀五頁，運動每天只跑兩圈等等。宏大的規劃對習慣的養成沒有益處，只有規定切實可行的任務量，才能避免自己望而卻步。

B 替換時間：當某一天需要「缺席」的時候，可以設置第二天加倍完成目標，或者週末預留時間，不做其他的安排，專心用來彌補「缺席」時沒完成的任務。

C 設置特別日：特別日這天可以休息，讓自己「名正言順」地偷一次懶，這是一種行之有效的減壓方法，因為好好休息之後才有力量繼續向前。

例外規則的設定可以讓你的習慣培養計畫更具有彈性，更加柔軟易操作，同時，也能適當緩解壓力，避免變成苦行僧似的修行。

在培養和堅持習慣的過程中，一定要打破完美主義的傾向。而例外情況的設定能讓你從緊繃的節奏中解放出來，偶爾偷個閒，可能還會帶來良好的促進效果呢！

5 習慣養成中的自我調節

養成習慣是一個漫長而艱辛的過程，如果一直保持不變的狀態，很快你就會感到厭倦，想要放棄。如果能根據階段的不同引入不同的變化，那將帶來源源不斷的動力，也能讓你在習慣養成中保持新鮮的心情。

當你的習慣堅持了一段時間，你很有可能因為提不起勁，或是突然感受不到養成習慣的意義，抑或是保持一成不變而產生了空虛感，這都是進入倦怠期的標誌。如果在這個時候，**通過小小的改變給任務增加新的刺激，會給自己帶來煥然一新的心情。**

如果你想通過運動來減肥，那麼你可能會養成每天跑步的習慣。當你漸漸覺得每天五公里的路程已經變得沒那麼難熬，而且很可能開始厭倦沿途的風景，或者覺得五公里沒辦法滿足自己的運動欲望，這個時候就需要加入一些新的刺激了。例如你可以在最後一公里的時候選擇一條新路，或是在跑步完之後加入一些拉筋、伸展的動作等等。有時候，換一雙跑鞋、換一組歌曲，都是

一種小變化，能讓你在堅持習慣培養的路上不產生無聊的感覺。

每天都在同一個地點跑步也許久了會覺得枯燥。

嘗試著換一個跑步地點又會產生新鮮感。

附上變化方法

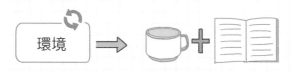

環境 →

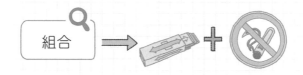

組合 →

用多種的變化組合來進行一件事情，更能夠讓人堅持下去。

持續做一件同樣的事情，必然會感到無趣。我們可以嘗試用下面的方法給自己的生活增加一些變化。

(1) 改變內容和環境

例如跑步健身時，你可以試著換一條路線，去看看不一樣的風景。又或者在讀書時，可以離開熟悉的房間，試著在咖啡店、圖書館裡找找不一樣的感覺；學習

英語時，可以先做聽力題再做寫作題，交替著進行，不要把一整個月的時間都耗在某一個單獨的項目上。

(2) 找到組合習慣

　　簡而言之，就是製造不同的「觸發機制」。例如，健身時戴上耳機，在大汗淋漓時享受美妙的音樂；在長途旅行時帶上一本書；很多人在戒煙時會用嚼口香糖來代替，其實也可以改一改，吃一些蜜餞也是一種變化。

　　不過，**在附上變化時要注意，不要與自己建立的習慣模組和例外規則相矛盾。**

養成習慣是一個漫長而艱辛的過程，一成不變的狀態只會讓你很快感到厭倦，想要放棄。

6 循序漸進的計劃下一個習慣

在養成習慣的過程中，我們都會遭遇倦怠期，所以應該提前做好準備，去不斷思考下一個需要培養的習慣，並且開始制訂相關的計畫。這樣一來，就會有效地建立起習慣的連續性。不僅可以讓現階段充滿動力，也能整理好心情投入到新的任務中。

例如，當我們在健身房鍛鍊時，教練常會告訴我們，想要健康的身體和好的身材，應該先減重，下一階段才是塑形。那些跟風想練馬甲線，卻沒有把體脂降到一定標準的人，其實都是在做事倍功半的無用行為。

在計畫下一個習慣時，可以根據輕重緩急排出一個順序，但還是要遵循那個原則── 一次只培養一個習慣，太貪心會讓你疲憊且極易失敗。當我們計畫下一個習慣時，通常正在進行的習慣已經接近成功了。此時我們的心理狀態必然是十分積極的，心態也漸漸趨於理性，我們完全有理由相信自己能形成下一個習慣。「現在的習慣」就起到了一個很好的過渡作用，並且在不斷

計畫下一個習慣的過程中，我們習慣化的能力、自控的能力都會有不小的進步。

不可能一次成功，循序漸進才能得到成效。

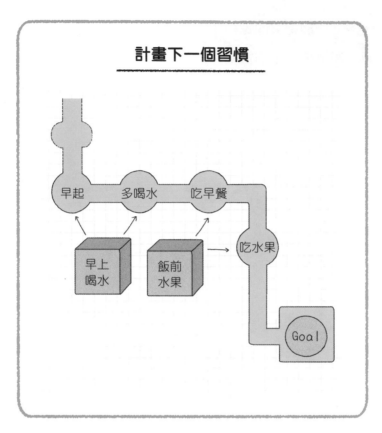

不斷地思考並計畫下一個習慣有助於習慣的養成。

　　思考下一個習慣，並開始擬訂計畫。這既有助於清楚客觀地看到現在培養習慣的過程，還能讓你提升習慣化的能力。直到有一天你突然發現，不做自己堅持的事情時，生活就似乎總是少了點什麼。

(1) 從目標倒推習慣養成計畫

簡單來說，就是用目的論的觀念去制訂習慣，將每一階段劃分為不同的培養目標。例如，漫畫家想要養成每天畫漫畫故事的習慣，他的最終目的是一年內出一本屬於自己的漫畫。以這個做終點來倒推，這就意味著他需要積累三十個以上的漫畫故事。於是，將任務分割到每個月每一天，就形成了每個月要完成三個漫畫故事的創作習慣。這樣利用終點來倒推，可以讓你在堅持的每一步都能想到那個美好的結局，讓目標清晰化以後就會更有動力了。

(2) 製作習慣化的客製方案

在計畫下一個習慣時，引入整體協調、客製化發展的觀念。比如，想要養成早睡的習慣，那麼我們就必須堅持早起，同時還要儘量避免在睡前玩手機，還要避免在睡前暴食等等，這就相當於是一個習慣化的客製化方案了，讓方案裡的習慣都能互相滲透、互相促進。

在培養現階段的習慣時，還要不斷地思考下一個習慣的養成計畫。計畫下一個習慣，有助於你清楚客觀地看到現階段習慣的培養過程，還能讓你提升習慣化的能力。

小技巧：用習慣表單製作年度計畫

　　前文中我們也提到過，習慣有三種類型——行動習慣（30 天內能養成）、身體習慣（3 個月能養成）、思考習慣（6 個月能養成）。如果能清晰地分辨習慣的養成週期，就可以制訂出一年（12 個月）的習慣計畫。

　　我們首先可以製作一個習慣表單，在表單上羅列出一些行動習慣，比如讀書、寫日記、整理辦公桌、不看電視、不喝碳酸飲料、收拾房間、原諒別人的錯誤、每天喝 2 公升的水、記錄收入支出等，然後，我們把這些習慣分配到每一天，完成了就打一個勾，沒完成的話就畫上一個紅紅的叉。每天睡前對表單進行記錄和檢查，時刻提醒自己不要懈怠。這樣的話，在三十天甚至更短的時間裡就能養成一個好習慣，一年下來，也是不小的進步。這類習慣的特點是實現起來難度不大，但貴在堅持。

　　而身體習慣則需要花費多一些的時間去培養了，比如減肥、跑步、早起、戒煙等。這類習慣相對身體習慣

來說，會遇到更大的阻力，因為它帶來的效果在短期內看起來並不明顯，只要鬆懈一點點，就有可能放棄。

思考習慣是與思考能力有關的習慣，邏輯性思考能力、創意能力、正面思考等，這類習慣與我們的性格、心理息息相關，因此形成習慣的過程中抵抗反應最為強烈，大約需要半年以上才能培養成功。

針對這些不同的習慣，我們可以用習慣表單來建立一個完整的年度計畫。以一個月養成一個習慣為目標任務，一年下來，你就能擁有 12 個全新而積極的好習慣了！你可以根據自己的需要，將以上的習慣分為不同的類別：身體健康、人際關係、時間管理、自我成長……。

舉個例子，在人際關係這一類中，你可以培養的習慣有：每天都要由衷地稱讚他人、每天都要與不同的人交談、每天都要保持微笑等；而在自我成長這一類上，可以養成的習慣有：每天都要讀書、每天堅持寫晨間日記、考取證照等；在時間管理方面，你可以要求自己：每天在 20 分鐘以內完成晨間洗漱、每天在工作日以內完成當天的工作計畫、睡前抽出一小時進行學習或鍛

煉……。將這份計畫認真思考填寫好，放在書桌醒目的地方，雖然這份年度計畫看起來有點遙不可及，但日復一日，腳踏實地的堅持，你會發現自己正在一步一步接近這些小小的成功。

可以根據自己的身份或者自己所從事的職業來選擇計畫的內容，但前提是，習慣的養成不能少了前期的計畫，這有助於你時刻對自己的目標有個清晰的掌握！

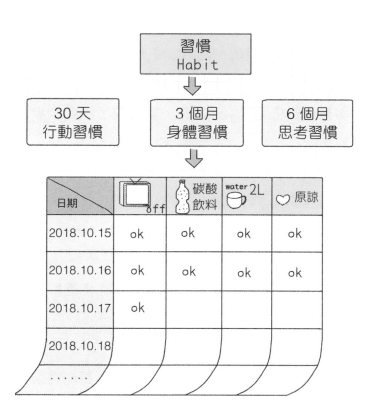

總結篇

1. 習慣的養成有反覆、有倦怠是很常見的。

2. 與其在急功近利中一次又一次失敗，不如小步伐行動。

3. 通過對習慣進行模組化地處理，讓培養習慣變得更加容易。

4. 設置有彈性的例外規則，能讓你靈活地應對各種突發的情況。

5. 用多種的變化組合來進行一件事情，更能夠讓人堅持下去。

6. 思考下一個習慣，並開始擬訂計畫。這有助於你清楚客觀地看到現在培養習慣的過程。

POSITIVE HABIT

CHAPTER 5
養成好習慣的小訣竅

　　正所謂羅馬不是一天就能建立起來的，好的習慣也不是短時間內就能養成的。當養成習慣的過程過於漫長，就可以先從簡單的習慣開始養成，會容易有成就感。而當你漸漸從好的習慣中獲益時，整個人就會呈現開放積極的態度，這時再去引入一些有挑戰的習慣，會更容易成功。

1　養成好習慣的第一步

　　你是否曾充滿熱忱地拿起一本書，卻在讀了幾天之後就感到厭煩？你是否在新年到來的時候給自己制訂了一大堆目標，到最後卻一個都沒有實現？你是否總想養成好習慣，卻總是被各種各樣的原因打斷而不了了之？

　　與上面這些情況相比，你一定覺得每天的刷牙顯得輕鬆無比，那是因為我們已經養成了刷牙的習慣。**人類大部分的行動都是由習慣決定的**，如早上起床到晚上睡覺、一日三餐……，這些行為的產生都是因為習慣的力量控制著你的思維、言行和各種反應。如果我們從神經學的角度來解釋這些問題的話，就會更加好懂。因為，**養成習慣需要大腦反覆地執行某件事，這就要求大腦必須打破原有的神經網路，去建立新的連結**[6]。

　　養成好習慣是一個漫長的過程，但這並不代表我們沒有一些行之有效的速成法。我們可以試著先從簡單的習慣開始養成，會比較容易產生成就感。而當你漸漸從好的習慣中獲益時，整個人會呈現開放積極的態度，這

時再去引入一些有挑戰性的習慣，會更容易成功。

每天刷牙是非常輕鬆就能做到的習慣。

而每天閱讀 1 小時卻讓人覺得非常為難。

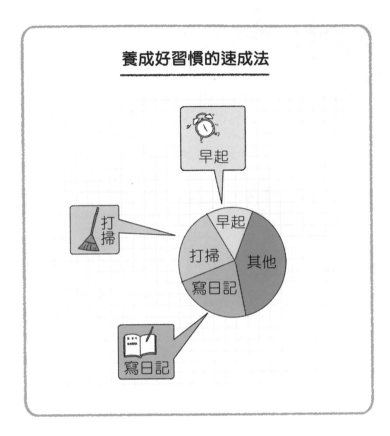

先從簡單的習慣開始更容易獲得成就感。

我們列出了幾個簡單易養成的好習慣，大家可以先從這幾個最簡單的習慣開始做起。通過這幾個小小的習慣，給自己進行心理上的模擬演練，讓自己有個更加良好的習慣養成狀態。

A 早起

B 打掃衛生

C 寫日記

這些都是簡單的日常習慣，主動權在自己手上，不會因為突然加班或天氣突變而受到影響。因此，我們先從這些小習慣開始改變，你會漸漸發現，早起的習慣養成後，自己的精神狀態似乎變得更好了，做任何事情都積極而樂觀了。或是習慣於打掃衛生之後，每天都生活在整潔的環境中，運氣也變得好起來了！再或者是，通過寫日記，每天都進行自我反省，將那些動人的小點滴都記錄下來，回看的時候會充滿了幸福感。

可見，習慣雖小，但影響巨大。這三個小習慣不僅能大大地改善你生活的環境，還可以使你在一次次完成它們的過程中逐漸學會自律，在今後培養其他的習慣時，就變得不那麼困難了。

簡單的日常習慣能改變生活環境，鞏固大腦培養好習慣的意識，從而使自己有個良好的習慣養成狀態。

2 給自己設置獎勵

　　培養好習慣應該是一件充實的事情，因此，我們不建議大家把自己弄得精神緊張、患得患失。習慣的養成是一個漫長的過程，所以在此期間始終要保持樂觀的心態，這對培養好習慣至關重要。

　　我們可以在**必要的時候給自己一些獎勵，肯定之前取得的小小成績，為下一階段的自己加油鼓勁**。這樣的獎勵機制，也是善於培養習慣的人為了能夠持續地堅持，而設計出的一些巧妙方法。

　　小步常因為遲到被上司批評，這使她十分鬱悶，可是她又實在難以克服自己懶散的習慣，因此同事提出建議，設置一些獎勵機制幫助她改掉這個毛病。於是，小步便定下「連續一周都早起的話，就獎勵自己一次豐盛的早餐」。從此以後，小步只要想偷懶，都會用「起晚了就沒早餐吃」來激勵自己，慢慢地，也就改掉了晚起的毛病，上司也漸漸對她產生了好的印象。

每個人想要培養的習慣、對獎勵的理解都不同，因此也會產生不同的獎勵機制。我們可以根據自己的喜好選擇合適的獎勵來激勵自己。

連續早起一周

獎勵自己豐盛的早餐

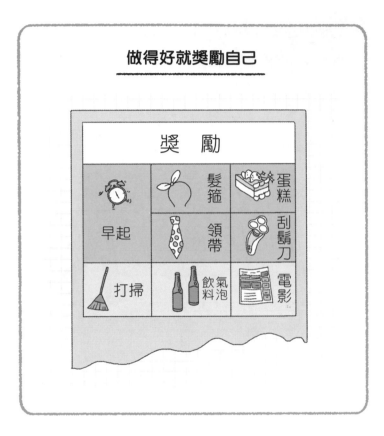

做得好就獎勵自己

獎　勵

早起	髮箍	蛋糕
	領帶	刮鬍刀
打掃	氣泡飲料	電影

　　產生愉快感可以給我們帶來更大的動力，那麼就依據自己不同的習慣和偏好，去設置一些獎勵機制吧！

(1) 跟習慣有關的獎勵

　　在完成英語學習的目標後，獎勵自己去電影院看電影；在養成早起的習慣後，獎勵自己吃一頓豐盛的午餐；在初步養成寫日記的習慣後，獎勵自己一本精美的

手帳本等等。**將獎勵設置成與習慣相關的機制，更容易讓你在培養習慣時品嘗到樂趣。**

(2) 設定自己喜歡的物品

如果在完成全年的健身計畫後，又給自己定制一套昂貴的 VIP 健身計畫，就很可能為心理和身體增加許多負擔，那這種獎勵就不是真正意義上的獎勵了。既然是獎勵，就一定要設定為自己想要得到的物品，比如香甜的蛋糕、豐盛的晚餐、心儀已久的領帶等，讓自己在習慣養成的每個階段都能獲得肯定感。

通過獎勵，我們可以突破眼前的困難，為上一階段的任務做一個小小的總結，同時也為下一階段的習慣建立良好的心理暗示。你會發現，比起從別人手中收禮物，自己買禮物給自己，收穫到的快樂和充實更能讓你得到鼓勵。

在取得小小的階段性勝利時，不要吝嗇給自己一些獎勵，這會促使你奮進。而且記得，獎勵一定要跟現在需要養成的習慣有關，也一定要符合自己的喜好。

3 適當地向周圍「求鼓勵」

在習慣的觸發機制裡，每個人的「持續開關」不盡相同。「產生快感」和「回避痛苦」都能對我們的動力產生影響，所以，我們可以依據自己的偏好去選擇合適的開關。我們將「產生快感」的開關稱為糖果型開關，而 「被稱讚」也是其中的重要一項。**塑造被稱讚的氛圍可以有效地讓我們提高幹勁[7]。**

例如，我們養成了收拾衛生的習慣，會得到家人和朋友的稱讚；養成減肥健身的習慣後，會收穫身邊人的驚歎；禁煙三個月後，大家都認為你變成了一個更積極更自律的人等。

作為一個資深宅女，小步經常受到媽媽的批評，說她不愛收拾房間，為此小步十分苦惱。打掃衛生是小步不經常做的事情，但有一天小步心血來潮把房間收拾乾淨後，得到了媽媽的讚賞，小步為此備受鼓勵，最後竟養成了每週主動打掃房間的習慣。

這些來自外界的肯定和誇獎，會讓我們更有信心，
對自己產生更多的認同感，從而更加有動力堅持下去。

適當地向周圍的人求表揚，能提高你的積極性。

擅長得到誇獎

親愛的，
我最近戒菸了！ —求表揚→ 配偶

爸！
我升職加薪了！ —被稱讚→ 家人

又被罵了！
感覺好難過…… —討拍→ 朋友

　　如果我們也想要在「被稱讚」的包圍下養成習慣，
那麼我們就要找到一些合適的方法。

(1) 選擇會誇獎自己的人

　　根據不同的習慣去選擇那些誇獎自己的人。例如，
打掃衛生的習慣，可以向配偶請求監督，如果做到了的
話，就向其請求誇獎；戒煙時，請家人監督，如果戒煙

成功了，就向家人尋求誇獎；養成在辦公室內隨手關門、隨手關燈的習慣，則可以請同事來誇獎。為不同的習慣找到不同立場的人，讓監督更實際、更有針對性，那麼誇獎也就來得更真切了。

(2) 向他們要求

可以向特定的人群表明自己會繼續努力，請求他們定期誇獎自己。同時，你也可以主動詢問他們是否察覺到了你的變化。例如，正在健身減肥的你，可以問朋友：我看上去瘦了嗎？得到肯定的答覆就是一種稱讚，也必然會給你更多的動力去堅持下一階段的習慣養成。當你長期處於這種被稱讚的氛圍裡，你會不自覺地提醒自己要繼續保持下去，不能讓稱讚你的人失望或看輕，也才對得起自己之前所做出的成績。

自身的意志力確實很重要，但外界的肯定也能給你帶來極大的鼓舞。身處「被稱讚」的環境下，習慣的養成會變得更加容易。但是，選對稱讚你的對象十分關鍵。

4 用輕鬆的心態來養成習慣

　　荀子在《勸學篇》中曾說道：「不積跬步，無以至千里；不積小流，無以成江海。」這句話的意思是說，千里之路是靠一步一步走出來的，沒有小步的積累，是不可能走完千里之途的；江河湖海是由每一縷細小的水流彙聚而成的，沒有這些細流，便成就不了江海的廣闊。將這句話引申出來，就是做事要腳踏實地，一步一個腳印，不畏艱難，不怕曲折，堅忍不拔地做下去，才能最終達到目的。習慣的力量也是如此，**要取得不同于常人的成就，就要不斷地重複每一個不起眼的小步驟。**

　　在習慣培養的過程中，我們應充滿希望，勞逸結合，用輕鬆的心態來養成一個個好習慣，用一些小點子來讓習慣變得有趣。如果你是一個喜歡旅遊的人，那麼就進行一場「戒煙旅遊」吧！你可以到不同的城市去旅行，但前提是在每個城市裡都不能吸煙。這樣一來，既滿足了自己的旅遊欲望，又讓戒煙的習慣在輕鬆有趣的氛圍中堅持了下來。甚至你還可以在地圖上標記「無煙

足跡」，看看自己已經收穫了這麼多，來獲得更大的動力。

一場禁煙之旅能夠讓你快速且輕鬆地養成好習慣。

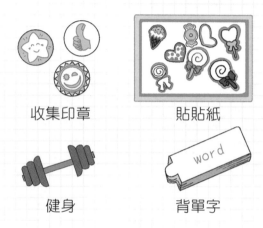

放輕鬆地養成習慣

收集印章

貼貼紙

健身

背單字

用一些有意思的主意來幫助你養成習慣。

　　要想養成好的習慣，好的心態是關鍵。但實際上，始終保持好的心態是不容易的，需要不斷地去想一些新鮮的主意來促進好心態的形成。

(1) 將培養習慣當成遊戲

　　將培養習慣當作一次遊戲，設置一定的關卡，用怪物等代表困難，每擊敗一個怪物，就代表在習慣養成的

路上取得了階段性勝利，將習慣培養的過程當作一次充滿趣味的打怪之旅，或者可以採用收集印章、貼貼紙等方式，將滿滿的樂趣融入到任務過程中。

(2) 多個想法可以搭配使用

多個想法搭配使用並不是說可以同時進行多個習慣，只是可以在習慣養成的過程中多增加一些趣味性。例如，你想養成每天夜跑的習慣，那麼你不僅可以在手機中下載感興趣的音樂，邊跑邊聽，還可以每隔幾天就嘗試一條新的路線，讓跑步充滿挑戰；如果你想養成閱讀的習慣，那麼你就可以在閱讀時，點上一支自己喜歡的熏香，還可以嘗試去一個全新的環境尋求新的閱讀體驗。

始終保持好的心態是不容易的，我們需要不斷地去想一些新鮮的主意來促進好心態的形成。要取得不同於常人的成就，就要不斷地重複每一個不起眼的小步驟。

5 回避習慣的危險區域

我們時常信誓旦旦地表示要學習英語，搜集和下載各種資料、買各類參考書，可往往沒過幾天就因為各種藉口而停止了學習；我們也時常給自己列出數百本書籍的閱讀清單，卻總是因為各種理由而擱淺；每逢新的一年到來，我們也會制訂一些計畫和目標，沒過幾天，那些計畫表就再也不會拿出來了……。

這些都是因為人類天生具有「對抗新變化、維持現狀傾向」的特點。當我們一旦開始培養新的習慣，身體和大腦就會開始反抗，試圖不被這些新行為影響。巨大的慣性會驅使我們拼命維持原有的狀態，這也是我們每每試圖培養新習慣時都無法堅持的原因。

「人是被習慣所塑造的，優異的結果來自於良好習慣的保持，而非一時的行動。」

所以，當我們打算培養好的習慣時，那就必須做出一些小改變，為習慣的養成掃清障礙[8]。例如，如果你想讓自己定時學習，那就把電視遙控器和手機都藏起

來；如果你想要戒煙，就不要去和那些吸煙的朋友一起吃飯等，這些行動可以促使我們更加專注於習慣目標，也更容易實現任務。

在養成習慣時出現障礙時要記得及時清掃。

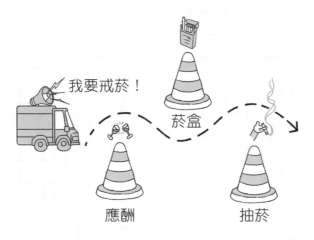

爲習慣養成開路

我要戒菸！

菸盒

應酬

抽菸

把能夠影響自己養成習慣的障礙都清理乾淨，更有助
於習慣的形成。

　　爲習慣的養成開路，要做好詳盡的事前工作。

(1) 列出阻撓習慣形成的障礙

　　當你想要認真培養一個習慣時，不妨靜下來羅列出
將面臨的一切阻力，包括人、事、物。例如你想減肥
時，你那個愛研究美食並熱衷於餵飽你的媽媽，就是你
的阻力；當你想要每天晚上好好讀書時，你那個喜歡呼
朋喚友來聊天的室友，也是你的阻力。羅列障礙的時

候，記得不要一昧地將責任推給它們，因為它們之所以能夠阻撓你，還是因為自己內心的力量不夠強大。掃平障礙的目的是為了給自己更好的環境和心理暗示。

(2) 考慮解決策略

羅列出各種障礙後，減少與它們相遇的機會，學會繞道而行。而對於那些因為善意而形成阻力的人，不妨跟他們說明態度。正如在減肥期間不購入零食，在學習期間藏好漫畫書一樣，明知道自己可能會在思想鬥爭中敗下陣來，不如先提前消滅障礙出現的可能。

(3) 明確自己的主張

明確並一再重申自己的主張十分必要。告訴媽媽：「我正在減肥，是為了更加健康，那些高熱量的甜點請不要給我吃了。」也可以不斷鞏固思想，告訴自己：藏起手機是為了更好地背單詞，等完成後再滑 FB 吧！

如果你想讓自己更加專注於目標，就要學會清除習慣養成路上的各種障礙。戰勝自己所獲得的自我肯定感，是那些意志薄弱的人無法體會到的！

6 調整身邊的環境結構

　　人生活在團體中，必然會被他人影響，甚至有時候我們**養成一個習慣並不是自己刻意去堅持，而是團體中的力量所驅使的。**

　　舉個例子來說，一個剛畢業的大學生進入一家公司，如果周圍的同事抽煙的比較多，不斷示範抽煙這一行為，那麼這個職場新人就很容易養成抽煙的習慣。同理，抽煙是受身邊朋友的影響，戒煙也是。當他發現自己一個要好的朋友也開始戒煙，並一直拒絕和他一起抽煙時，他也會開始漸漸少抽起來。

　　想要養成讀書的好習慣，不妨加入一個讀書會。每個週末，大家圍在一起共讀一本書，讀完後再一起討論，會更有收穫，也更覺得有趣；想要養成收拾整理、打掃衛生的習慣，不妨和伴侶一起行動起來，兩個人一起幹活，更有使命感，也會讓伴侶對你大加讚賞；想要養成運動的習慣，不妨和志同道合的朋友相約著一起去騎腳踏車，運動的酣暢和友情的愉悅結合在一起，會讓

你覺得這個習慣的養成過程是如此地簡單而快樂。

因此，當你想要養成一些好習慣時，找到與之相關的團隊一起堅持吧！你會發現團隊的力量比單打獨鬥大得多。

習慣的養成很多時候與你所處的團隊環境有關。

團隊力量大

輔助

1.選擇和你一起養成習慣的人。

監督

2.找到和你目標一致、意志強大的人。

社團

同好會

3.在團體中找到志同道合的朋友。

　　團隊的力量是不容小覷的，那麼我們該如何利用團隊的力量去養成好的習慣呢？

　　首先，選擇和什麼樣的人在一起很重要。慎重地去

選擇和你一起養成習慣的人，不要選擇意志力薄弱，或明顯三天打魚兩天曬網的人，因為和他們在一起，只會消磨你的鬥志，而且他們也會有意無意地向你灌輸消極的思想，這樣對你培養好習慣絲毫沒有好處。

其次，找到那些目標一致、意念強大的人一起努力。相互成為對方的輔助人、監督人。想要減肥時，找到一位同樣要減肥的朋友一起去健身房，互相監督不要暴食甜品，也在跑不下去的時候互相鼓勵，一起見證變瘦、變健康的過程，一起分享培養習慣中的苦與樂。

最後，到團體裡尋找志同道合的夥伴也是不錯的選擇。學校裡有很多社團，社會上也有很多自發的同好會，一起學習樂器、一起讀書、一起運動、一起看經典影片等，團隊的力量會讓你樂在其中。久而久之，你就會忘記自己原來正在「堅持」某種習慣。

合適的團隊會讓你體會到堅持習慣並不是一件痛苦的事，這其中也飽含了無盡的意義和樂趣呢！

小技巧：提高養成習慣的成功率

在向大家介紹如何設置觸發機制時，我們提到了「糖果型開關」，這類開關能讓你產生快感，從而在養成習慣的過程中更有動力；而與此對應的是「懲罰型開關」，它能對我們起到提醒、警示的作用。設置懲罰開關看起來是一種被動的方式，但從心理學的角度來說，「迴避痛苦」的趨向也同樣能給我們帶來動力，所以為了避免受到懲罰，我們會嚴格要求自己執行習慣養成的計畫。

設置一些懲罰遊戲，就能夠把習慣養成的最大敵人——惰性給克服了，從而提高養成習慣的成功率。可以根據自己的性格和習慣的不同，不留情面地設置一些懲罰措施[9]。

(1) 狠下心來懲罰自己

例如：和自己約定，如果看書不到兩小時就放棄了，那就喝一杯白醋，當你想要放棄的時候，只要一想

到醋的濃烈酸味，就會立馬精神抖擻，鼓勵自己再堅持一會兒；在健身的過程中，如果有一天因為偷懶而不去跑步，那就懲罰自己刷馬桶；如果在睡前沒有完成學習任務，就懲罰自己在第二天的早上還要多背二十個單詞……。懲罰機制有時候比正面激勵更有效，所以要狠下心來設置懲罰機制，以此來激勵自己。

(2) 讓身邊的人知道懲罰規則

這是一種利用周圍人來監督自己的方式。例如你可以和你的好朋友約定，你這個月會養成寫日記的習慣，請定期檢查和督促你，如果你沒有做到，就請朋友吃一頓火鍋；或是告訴家人自己以後要早起了，如果有一天沒有完成，就懲罰自己為大家做晚飯。旁人的監督會對自己形成無形的壓力，這樣一來，你就會為自己在他們面前的信誓旦旦而加倍努力了。

(3) 寫下契約，隨時提醒自己

寫一份或者幾份契約書，掛在醒目的位置，這樣的話，不管何時想要懈怠，都能隨時看到契約書如同督察般站在自己的面前，時刻鞭策自己。例如，減肥期間可以將減肥的計畫、目標、獎勵機制、懲罰機制等專案都寫在一起，用大寫加粗的筆寫上「如果中途放棄就半年

不許買新衣服」等，讓自己一眼看到就能驚醒，從而促使自己在減肥過程中不斷強化自己的意志力。

　　通過懲罰遊戲去擊退各種藉口，讓自己處在無退路的狀態，更容易讓習慣成功養成。利用他人的監督、製造嚴苛的外部環境等，不允許自己懈怠，逼迫自己進入不得不做的狀態中去，讓養成好習慣成為一件嚴肅而輕快的事。

　　懲罰聽起來很可怕，但其實你只要願意去操作一下的話，就會發現它並不會給你造成多大的傷痛，反而能使你更順利地養成好習慣呢！

簡單實踐法：懲罰小遊戲

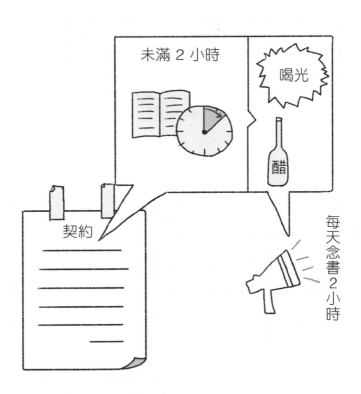

總結篇

1. 從簡單的習慣開始養成，會比較容易產生成就感，這時再去引入些有挑戰性的習慣，會更容易成功。

2. 在必要的時候給自己一些獎勵，肯定之前取得的小小成績，為下一階段的自己加油鼓勁。

3. 來自外界的肯定和誇獎，會讓我們更有信心，會對自己產生更多的認同感。

4. 用輕鬆的心態來養成好習慣，設計出小點子讓習慣變得有趣。

5. 我們打算培養好的習慣時，那就必須做出一些小改變，為習慣的養成掃清障礙。

6. 想要養成好習慣，團隊的力量比單打獨鬥大得多。

POSITIVE HABIT

CHAPTER 6
幫助養成習慣的
圖表

　　一定要認識到，在習慣的養成過程中有阻礙是正常的事情，不能因為養成習慣的過程中遇到了阻礙就放棄、心灰意冷。科學地面對阻礙，解決阻礙，才能讓習慣養成之路變得順利。那麼在這一章裡，就來介紹一些能夠幫助大家養成好習慣的圖表，讓大家輕鬆地養成好習慣。

1 利用阻礙管理矩陣

在培養好習慣的過程中，一定要認識到，有阻礙是正常的事情，不能因為養成習慣的過程中遇到了阻礙就放棄、就覺得心灰意冷，不想堅持下去。這時，**科學地面對問題，解決阻礙，才能讓習慣養成之路變得順利。**

人們常說：「有志者立長志，無志者常立志。」意思就是說，有志氣的人樹立了遠大的志願，就會不屈不撓地去實現它；而沒有志氣的人卻總是一會兒抱有這樣的理想，一會兒又去追逐那樣的心願，總是無法專注去完成。後者之所以會遭遇失敗，正是各種各樣的阻礙所造成的，這些阻礙有可能來源於自身的不自信或者意志力薄弱，也有可能來自外界的流言蜚語或干擾。所以在這裡，我們引入「阻礙管理矩陣」來研究阻礙，目的就是用直觀的方式讓你明白這些阻礙所在的位置，而不是腦子一團亂麻，感覺阻礙排山倒海而來。

當你正確認識了這些阻礙，學會用科學的方式去面對它們時，習慣養成就再也不是一句口號、一個空話

了，才有機會找到破解的出口，從而解決它們，為習慣
的養成鋪平道路。

遇到阻礙的時候並不代表遇到了失敗。

學會認識和克服這些阻礙就會成功。

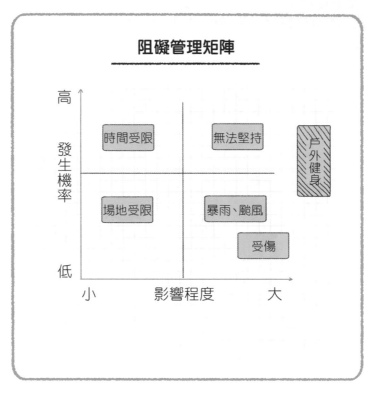

習慣養成的過程中肯定會伴隨各種阻礙，所以如何對這些阻礙進行管理十分重要。具體方法很簡單，下面我們以跑步健身為例來為大家進行講解。

(1) 按發生概率高低、影響程度大小設定兩根軸

正如時間管理矩陣有著輕重緩急之分一樣，我們可以把阻礙發生的概率高低和影響程度的大小設定為兩根軸，形成意喻不同的四個象限。

(2) 根據事件發生概率和影響程度劃定四個象限

在這四個象限中，羅列出對應的事情。那麼，我們來一起思考一下，養成跑步健身這一習慣時，會有哪些阻礙呢？天氣、場地、時間、心情等，都可以一一對應寫入象限中。

(3) 發生概率高且影響大的優先準備

將那些發生概率高且影響大的阻礙，進行優先處理。例如，對於一個上班族來說，「時間」是一項較為重要的阻礙，因為下班時間遲，吃完晚餐後，用於健身的時間就不多了，而如果要加班，時間就更是緊張。

因此，為了更好地節省時間，可以用多種方式來解決。例如將運動的裝備都提前準備好，減少第二天出發前的準備工作。或是在下班的路上就規劃好晚餐，簡單吃就好。依據自己的實際情況去解決難題，儘量為習慣養成掃清障礙。

科學地面對阻礙，解決阻礙，才能讓習慣養成之路變得順利。

2 製作一個習慣計畫

　　許多高效率的成功人士，都有列計畫清單的好習慣。我們在培養習慣的過程中也可以這樣，列好計畫後一步一步完成，才更加扎實穩固。

　　列好習慣計畫，可以讓我們從宏觀上把握習慣的的概念，也能從微觀上掌握這個習慣的養成規律 [10]。中國有句俗語是說：「磨刀不誤砍柴工。」意思就是：事前做好充足的準備，會讓你做事的效率大大提高。培養習慣亦然，我們在事前做好充足的計畫，就可以坦然地去面對習慣養成的過程中所面臨的各種問題和挑戰，確保這一習慣養成之路暢通無阻。

　　我們以養成學英語的習慣為例。語言學習本身就是一個需要不斷練習鞏固的事情，並且可以說是沒有終點可言的。但我們可以根據自己的實際情況去制訂相應的計畫，例如你現階段的英語學習目標是考過英檢初級，那麼我們就以此為習慣的目標去制訂相應的計畫。而當這個任務圓滿完成後，我們再設定考過英檢中級、英檢

高級、取得國外留學資格等更高目標和與之相應的計畫。

根據自身情況制定學習目標

英檢高級

英檢中級

英檢初級

列好習慣計畫

習慣設定

目標	寫日記
基準	200 字／天
方法	手機提醒
期限	3 天內 達成

　　生活中處處有計劃，學生有學習計畫，企業有生產計畫，我們每日做事的小系統，也都屬於計畫的範疇。該如何合理地對習慣養成計畫進行初期設定呢？

(1) 目標是什麼

　　首先需要確定這項習慣完成後，你的目標是什麼？是能說一口流利的英語，或是擁有令人羨慕的好身材？

(2) 達成基準是什麼

確定好目標後，我們要知道目標的達成基準是什麼？簡單來說，就是將目標具體化。因為每個人對「說一口流利的英語」的概念是不同的，如果說，「以 500 分以上的高分通過托福考試」，就很具體化了；「擁有令人羨慕的好身材」就很寬泛，不如用具體的體重、體脂資料等來具體化。

(3) 用什麼方法、手段

這是習慣養成的重點所在，習慣養成的方法一定要科學，並且適合自己。以學英語而言，需要考慮你本身的基礎，了解你的優點和劣勢分別在哪，是注重閱讀和寫作，還是更側重聽力和口語？只有依據實際情況制訂的計畫，才能獲得成功。

(4) 期限是多久

最後為自己設定一個期限。不要太急於求成，因為習慣的養成需要一定的時間；也不要拖太長，根據強度和目標設定好合適的時間，給自己一定的緊迫感為宜。

我們在培養習慣的過程中，要學會列出計畫，這樣才能有的放矢、穩紮穩打。值得注意的是，期限的設定不能過長也不能太短，能給自己適當的緊迫感就好。

3 分割好每一個小環節

　　養成好習慣也和做專案管理一樣，需要協調各方面的力量。因此，**我們要像做專案管理一樣將習慣養成的每個環節進行分割，逐個擊破，最終完成任務，養成你想達成的習慣。**

　　分割每個環節的好處在於，你能清晰地發現自己在哪一環節出了問題，能夠有的放矢地進行補救。與此同時，也能讓你在每完成一個環節時都能專注其中，避免因為要兼顧各個方面而造成時間、精力的牽扯。

　　以打掃衛生為例，當你實在無法忍受自己生活在髒亂差的環境中時，你下決心養成「勤做衛生」的習慣。那麼，你就需要全面地考慮，這個習慣會涉及哪些層面。例如，勤做衛生需要自己多少時間、需要哪些準備工作、需要哪些工具、重點應該打掃哪個房間、最容易變髒亂的是哪個區域、如何找到最科學的收納方法、如何讓自己愛上打掃、如何在生活中有效地保持、有哪些小竅門是可以用在打掃中等，將這些環節都按照一定的

邏輯順序進行排列，形成不同的勞動環節，便於習慣進行。

亂糟糟的房間讓你想要打掃也無從下手。

先確定好打掃的時間和打掃需要的工具才能展開任務。

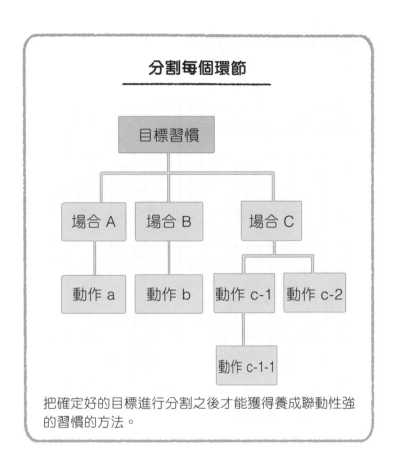

分割每個環節

目標習慣

場合 A　　場合 B　　　場合 C

動作 a　　動作 b　　動作 c-1　　動作 c-2

動作 c-1-1

把確定好的目標進行分割之後才能獲得養成聯動性強的習慣的方法。

養成聯動性強的習慣時總會需要「瞻前顧後」，下面引入「作業分解圖」供大家參考。

(1) 確立目標習慣

　　將目標任務明確化，形成「我正在為之努力」的感覺。正如我們所說的「勤做衛生」，當我們確定以它為

目標習慣後，所有的考慮都圍繞這個目標來進行。

(2) 構成主要場合

養成這個習慣需要哪些場合和地點呢？在打掃衛生的時候，我們就可以劃分出不同的空間。根據家裡場所的不同，按照客廳、臥室、廚房、廁所等不同區域進行分割，然後對不同的場合採取不同的清潔方法。例如，客廳以灰塵的清理為主，拖地、擦拭櫃子上的灰塵會是重點。而廚房則是對油污、廚餘垃圾的清理了。

(3) 各個場合的主要動作

在每個不同場合分配具有針對性的動作。以打掃衛生為例，當我們清理廚房時，去汙手套、濕抹布等就是必備的工具，擦拭瓦斯爐、清理垃圾桶等就是主要的動作：而當你在打掃臥室時，衣物的換季收納、地板的清潔、桌面的整理又是重點，需要你的科學規劃、巧妙的收納、藝術般的審美情趣等。

要想計畫順利地得以貫徹執行，還需要對每個環節進行合理的分割。作業分解圖能教會你如何「瞻前顧後」，讓出發點和落腳點得到完美呼應。

4 記錄目標習慣的完成狀況

　　及時記錄習慣的完成狀況，可以讓你一直對養成習慣的進度瞭若指掌。通過記錄，你可以時刻看到自己的習慣養成情況，試想一下，當看到一長串的勾時，是不是很有成就感？這時候你的心中一定會再次充滿動力，「讓我繼續這樣努力下去吧！」同樣的道理，當你看到因為自己的懶惰而畫上的叉時，就會思考自己的不足，調整好狀態再次上路。

　　我們以養成讀書習慣為例，如果每天在下班後進行三十分鐘的閱讀，就能養成閱讀的習慣。這樣既能拓寬你的視野，也能夠很好地利用業餘時間。當你長時間內都做到了之後，看到滿滿的記錄時，滿滿的成就感就隨之而來，這樣也會增加你堅持下去的信念。久而久之，即使你不去記錄這些，也能夠自覺地進行這項習慣了。

　　當然，壞習慣的改變也可以記錄起來，**「勿以惡小而為之，勿以善小而不為」，不把小小的壞習慣當作理所當然，也不要對小小的好習慣視而不見。**我們要堅持

記錄每天的完成狀況，時刻把握自己的改善進度。

將每天目標習慣的完成狀況進行記錄能增加成就感。

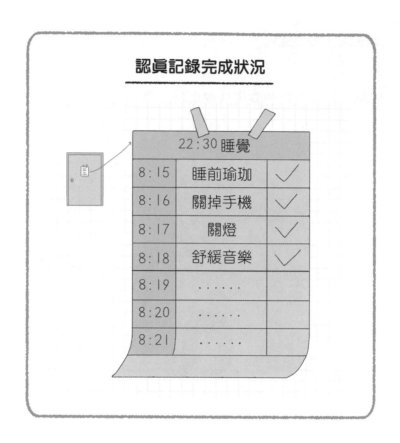

完成狀況的真實確認是習慣養成之路上的重要工作，具體的方法如下：

(1) 設定目標習慣

確定好習慣的目標，按照期限倒推。設定好不同的時段，同時確認好每個時段要完成的階段目標。如果你想成為某一領域的專業人士，就將此設定為習慣的目標。

(2) 寫出具體動作，按日期排列

按照日期表的製作方式，基本按照每日一次的方式，羅列好每天要做的具體專案。以讀書為例，先預計讀完書的日期，在記錄表中寫上「完成×××閱讀」，之後每一天可以記錄為「完成×××P1~P35」等。

(3) 列印出來貼在相應場地

將該習慣需要完成的動作列印出來，貼在相應的發生場地。例如想要節食，就在餐桌邊貼上「少吃一點！」；想要堅持塗眼霜，就在鏡子上貼上「別忘了塗眼霜！」；想要完成讀書的習慣，就寫上「每天要閱讀半小時！」，貼在書桌或書櫃上，時刻提醒自己。

(4) 現場完成，當場打勾

當天完成原定計劃後就立刻打一個勾，享受自己高效的執行力帶來的成就感和滿足感吧！

習慣養成的路上充滿了阻礙，要學會用記錄的方法來反映習慣的完成情況，讓自己從中得到肯定或警醒。在長期堅持認真記錄後，習慣就會成為你生活的一部分，這時，你就可以暫時放下這個手段了。

5 利用甘特圖來監督進程

　　甘特圖又稱為橫道圖、條狀圖，它能通過活動列表和時間刻度形象地表示出任何特定專案的活動順序與持續時間。甘特圖基本是一個線條圖，橫軸表示時間，縱軸表示活動（項目），線條表示在整個期間上計畫和實際的活動完成情況。它能直觀地表明任務計畫在什麼時候進行，以及實際進展與計畫要求的對比。

　　我們引入甘特圖來監督習慣的養成，可以十分便利地看到已完成了多少、還剩下哪些事情要做，方便我們評估習慣養成的進度。

　　比如在家健身這一習慣，我們可以利用橫軸上的時間安排自己一整年、每個月、每一周的運動計畫。而在縱軸上，寫上具體的健身專案，例如拉伸、瑜伽、慢跑、搏擊操等。準備幾隻不同顏色的彩色記號筆用於畫線條，當你決定最近的這個月專攻瑜伽時，就可以在縱坐標中找到「瑜伽」，在橫坐標中找到「2 月 3 日～2 月 6 日」，接著畫一條藍線，表示計畫如此。而當實際

執行時，你可以用紅色的線進行區分。這樣一來，不僅任務被具體細化到了每日，也讓你看到計畫與執行之間的對比情況。

一昧盲目地去進行一項活動會讓你產生迷茫的感覺。

利用甘特圖安排你的習慣，讓你評估自己的進度。

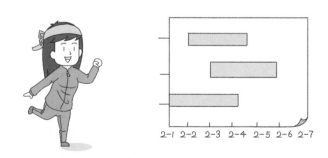

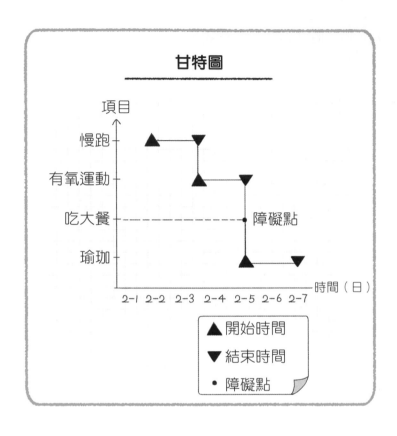

甘特圖

    在甘特圖上，每一步都在被執行的時間段中用線條
標出。完成以後，甘特圖能以時間順序顯示所要進行的
活動，以及可以在同時進行的活動。接下來，我們學習
一下製作甘特圖的方法。

(1) 先將事情細分成動作階段

    將習慣細化，分為不同的階段任務。例如，將「每

天運動健身」作為你想要完成的目標，那麼慢跑、有氧運動、瑜珈等，都是不同的動作階段。

(2) 把時間軸標上

通常來說，時間軸是橫軸，一般都要具體細化到每日。還是上面的例子，我們將時間軸按月份設計，並在每月下設計好當月的天數，便於細化管理。

(3) 記錄各動作的開始時間和截止時間

不同顏色的線條表示不同的動作。例如，2 月的第 1 個星期，我們將用於慢跑。那麼就從 2 月 1 日到 2 月 3 日之間標記好開始和結束的時間線段，以此類推。

(4) 分析時間，找到習慣阻礙點

在設計甘特圖時，我們要不斷思考──是不是進度太快？這兩項動作能否同時進行？哪些動作有難度？找到那些阻撓我們成功的障礙，提前做好解決的方案，為任務的完成清除阻礙。

在製作甘特圖時，儘量對項目和時間進行細化，這樣可以防止自己偷懶哦！

6 將目標習慣植入日常生活

　　其實仔細想想，我們想要養成這樣或那樣的習慣，目的都是為了讓自己生活得更好、工作得更好，但在通往美好的路上，我們難免會遇到厭煩或無聊的情況，所以在準備養成一個習慣時，**有意識地將想要養成的習慣植入到日常生活中，是明智之舉。**

　　很多時候，刻意空出時間去做某件事，反而會讓你充滿壓力；而當把這件事植入到日常的生活中去時，你會覺得這是一件如此自然的事，養成起來也就變得更加容易。不僅如此，好習慣養成後的保持，也會因為良好的慣性而變得簡單。

　　比如，你想養成看新聞的習慣，那麼就在起床跟準備早餐之間植入「打開電視調到新聞頻道」這樣一個環節。這樣一來，兩個動作互相穿插滲透，既保持了看新聞的好習慣，又不浪費準備早餐的時間，而且，一邊準備早餐、吃早餐，一邊看著新聞，是不是感覺特別輕鬆愉快呢？這樣一來，你很快就會愛上看新聞這個習慣，

今後也就會自然地保持下去了；又比如你想養成寫日記的習慣，不妨在床頭擺上日記本，然後在睡前寫好。這樣每天堅持下去，久而久之就會養成睡前寫日記的習慣了。

有意識地將想要養成的習慣植入日常生活。

目標
．
．
21：00 閱讀
習慣植入　21：30 寫日記
22：30 睡覺

睡前好像可以
寫個日記！

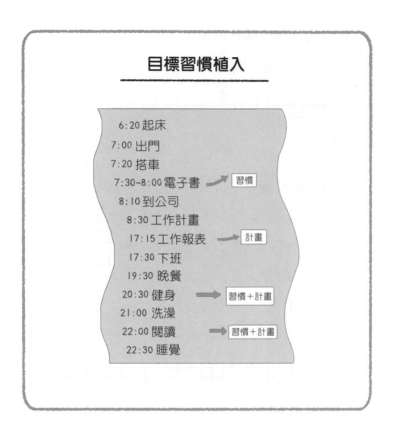

將目標習慣植入到生活中去，並不是讓你把一天的行程都排得滿滿的，而是根據自己的實際情況進行規劃。

首先，列出一整天的大致流程（如上圖所示）。

然後，把想養成的習慣列出來。例如，你想養成寫日記的習慣、想養成澆花的習慣等，都一一寫下來。

之後，將它們植入合適的位置。注意，一次只培養一個習慣比較好，例如前面提到的養成寫日記的習慣外，你可以把寫日記這個習慣植入到睡前的二十分鐘，把日記本放在床頭櫃，等你健身和洗完澡，一身輕鬆地走入臥室時，自然而然就會有動筆寫一寫的衝動了；或者，你可以把澆花的習慣植入到每天早晨出門前的五分鐘，給植物補充了水分，又能在上班前感受到美好的顏色和頑強的生命力，對一天的情緒也有積極的影響！

　　最後，形成新的日程計畫。完成上面的步驟後，一個全新的計畫就會呈現在你的眼前。由於**大部分的生活習慣並沒有改變，一點小習慣的加入反而會讓你覺得有趣而富有挑戰，這也使得習慣的保持變得更容易。**

　　把目標習慣植入你的日常生活，會給你的習慣養成之路增添許多趣味性。

小技巧：規劃習慣的基本流程

養成一個習慣其實等同於為一個習慣的誕生保駕護航的過程，而在不同階段的計畫管理決定了最終能否到達終點。

但自我管理和自我成長之路，從來都是沒有終點的。習慣的養成也是一樣，所以我們只能從現階段著手，將那些急需養成的或影響深遠的習慣先培養起來，在日後不斷的鞏固中，與時俱進地加入新的習慣。讓我們的一生都處在有所追求、有所堅持且有所得的狀態中。

漸漸地，你會發現，在不斷養成新習慣的過程中，自己正在變成那個想要成為的人。所以，學會習慣養成的基本流程，就顯得十分重要了。

(1) 列好習慣計畫

羅列出想要養成的習慣，可以按照生活、健康、工作、學習、人際、財務等不同的種類進行規劃，設定好十年目標、五年目標、一年目標等。

例如，你想養成一些與健康相關的好習慣，那麼就可以列出：早起、早睡、每週跑步三次、每週末去一次健身房等，定下一個階段必須達成的目標，像是：在半年內腰圍減少 5cm、一年內讓體脂率控制在 25%左右……。

(2) 選擇一個能留下痕跡的監督方式

根據習慣的不同，設計出不一樣的管理監督方式。例如，有些不需花太多動作的行為，像是每天喝足量的水、睡前看兩頁書等簡單的習慣，我們可以用待辦清單來進行記錄；而那些比較需要長時間培養且較為複雜的習慣，利用甘特圖、流程圖等，是很好的選擇。

除此之外，還可以寫習慣日誌，記錄每一個習慣的養成。像思維習慣這種精神層面的慣性改變，就很適合通過再次書寫的方式加深印象。要注意的是，大家只需要選擇一個監督方式就可以了，過多的方式只會給自己徒添許多不必要的工作，讓思維更加混亂。

(3) 定期檢查自己留下的紀錄

正如定期查看工作日誌一樣，我們也要學會定期查看自己留下的習慣痕跡。看看哪些習慣自己已經輕鬆地養成了，哪些習慣還在進度中，哪些習慣卡在了困難阻

礙處中止了，哪些習慣需要根據現在的情況進行變動，還有哪些習慣需要納入計畫中……等。通過定期的檢查，我們可以提醒自己一路是如何走來的，會更加維護現階段的養成成果。同時，也可以從失敗的教訓中找到經驗，不斷地修正，不斷地完善自己。

基本上按自己的喜好來選擇就可以了，但我們建議微小的行為用勾畫類的方式，複雜的行為則可以採用表單類的方式。

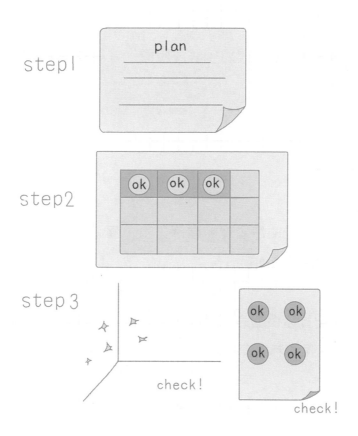

step1

plan

step2

ok ok ok

step3

check!

ok ok

ok ok

check!

總結篇

1. 科學地面對阻礙問題，解決阻礙，才能讓習慣養成之路變得順利。

2. 養成好習慣也和做專案管理一樣，需要協調各方面的力量。

3. 將習慣養成的每個環節進行分割，逐個擊破，最終養成你想達成的習慣。

4. 及時記錄習慣的完成狀況，可以讓你一直對養成習慣的進度瞭若指掌。

5. 引入甘特圖來監督習慣的養成，方便我們評估習慣養成的進度。

6. 有意識地將想要養成的習慣植入到日常生活中。

CHAPTER 7

養成早起的習慣

俗話說：「早起的鳥兒有蟲吃。」養成早起的習慣不論是從身體健康方面，還是工作方面都有益處。但是有不少職場新人總是會被「早起」這件事情困擾。那麼在本章中，我們就來告訴大家如何養成「早起」的習慣。

1 早起的五個原則

在眾多好習慣裡，「早起」可以算得上是最高級別的好習慣了。而且，早起的習慣不分年齡、不分性別、也不分種族和工作，**通過努力，每個人都可以成為一個積極健康的早起者。**

在 NBA 勵志短片《你究竟想多成功》裡，著名球星科比·布萊恩自從進 NBA 以來，長期堅持早晨 4:00 起床練球，每天都要投進 1000 個球才算結束。有記者問他為什麼能那麼成功時，科比反問道：「你知道洛杉磯早晨 4:00 的樣子嗎？」記者搖頭。當大部分人還在睡夢中時，早起者就已經奮鬥在各個你能想到的領域了。當我們為成功者喝彩的時候，是否能想到他們的成功源於哪裡呢？

總是睡懶覺會讓人更加懶散。

保持早起的習慣讓你做一個健康的早起者。

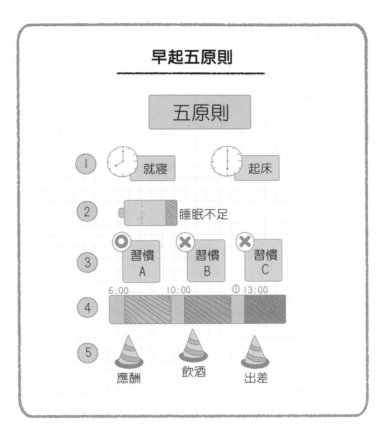

想要養成早起的好習慣，上述的五個原則最重要。

(1) 比起起床時間，就寢時間更重要

充足的睡眠才是做好一切事情的基礎。因此，想要早起，前一晚就要早早地入睡。讓自己養成在晚上10:00～11:00 中入睡的習慣，把那些熬夜看電視劇、玩遊戲的習慣都摒棄吧！

(2) **防止睡眠負債發生**

睡眠負債是指長期睡眠不足產生的影響。睡眠負債過多可能會導致精神和身體疲憊。當我們想要早起時，給自己一個過渡時間，防止睡眠不足的情況出現。

(3) **一次養成一個習慣**

當我們要養成早起這個習慣時，就不要同時制訂一大堆早起後要做的事情。這樣很有可能使你還沒起床，就被大量的新習慣嚇到，感覺壓力太大而放棄。

(4) **找到生活習慣的問題點**

找到你生活習慣上的壞毛病。例如你喜歡在早上醒來後先玩很久的手機而不起床，或者睡前你總愛吃點東西等等，找到這些影響睡眠的問題點，一一解決。

(5) **預想好妨礙早起的原因**

想一想，是哪些因素在阻撓你早起。睡不夠？還是覺得沒動力？不妨帶著這樣的思路去試驗幾天，通過深刻的反思去找到自己思想和行動上阻力。

想 讓自己成為一個積極向上的人，早起也是一把用來衡量的尺規。不要覺得早起對大多數人來說都是難以克服的壞習慣，就給自己找各種各樣懈怠的藉口。

2 晚上早睡的技巧

　　早睡和早起是息息相關的，養成早起的習慣不能單刀直入地直接設定起床時間，**從早睡入手才能更好地養成早起的習慣。**

　　很多年輕人有一些錯誤的觀點，他們會覺得睡覺是浪費了玩的時間。上大學的時候每天都要玩遊戲、看劇、看小說到凌晨，還通宵唱歌、聚會。這樣的生活習慣，會讓他們在工作後吃盡苦頭，休息不好直接導致沒精神、注意力無法集中，女孩們想要的好皮膚也會因為晚睡而消失。而生物鐘的紊亂還會影響人的飲食、心理、情緒等，導致變胖或消瘦、亢奮或抑鬱。

　　還有一些人，認為一天中最有效率的時間都在晚上，為了彌補白天學習或工作效率的低下，而將任務都堆到了晚上。事實上，晚上拖著不睡覺，很大程度上是因為白天過得很失敗。由於不願意承認自己過得很失敗，就開始拆東牆補西牆，用晚上的時間去做白天的事，似乎每天都生活在忙碌之中。這樣一來，早睡就變

得不可能了。其實，當我們命令自己早睡後，會形成一個比較良性的迴圈，正所謂「勤勞一日可得一夜安眠」，強迫自己在白天提高效率，這樣晚上也睡得比較安心。

前一晚通宵聚會興致高。

第二天精神萎靡、上班遲到。

早睡的技巧

1.手機關機放包裡。　　2.開小夜燈。

3.製造睡前儀式。　　4.睡前 3 小時不飲食。

　　養成早睡的習慣後，第二天的精神隨之飽滿，足以順利地應對一天的工作和生活。不僅如此，**早睡的習慣還能對其他好習慣的養成形成積極的影響**，讓你成為一個健康向上的人。接下來介紹幾個早睡的技巧：

(1) 把手機關機後放到包裡

　　現代人都有睡前玩手機的通病。滑個 FB，再上一

下 PTT，明明沒什麼可看，卻還是捨不得放下。因此，早睡的第一大招就是把手機關機後放到包裡，遠離誘惑的源頭。

(2) 調燈光讓房間變暗

營造睡眠的氛圍，將房間的燈光調得柔和昏暗一些，比強烈的白熾燈更適合睡眠。

(3) 製造睡前儀式形成自我暗示

可以在睡前冥想一天的經過，或是稍微暢想一下明天的計畫。女性也可以塗上晚霜或眼霜，用這種自我暗示的小儀式告訴自己——我要睡了。

(4) 睡前 3 小時不吃東西

過於豐盛的晚餐和宵夜都會對晚上的睡眠造成不好的影響。晚上 9:00 之後，人體各器官功能都基本都處於緩慢運行的狀態了，睡前進食，增加了腸胃、腎臟的負擔，熱量得不到消耗，對高品質的睡眠沒有任何好處。

想 要養成早起的習慣，不能單刀直入地設定起床時間，如果從早睡入手的話效果會更好。

3 無痛早起的技巧

　　想到每天都能比別人多清醒兩個小時，想想別人還在睡夢中你已經在為夢想打拼，精神飽滿地迎接清晨的第一縷陽光、第一絲微風，你還會沒有動力起床嗎？

　　早起者們常會說，早起的時間完全是自己的，而且，那段靜謐的時光彷彿是偷出來的一樣。而對於那些不習慣早起的人，清晨和睡魔的戰鬥堪比煉獄。這樣看來，**如何減輕早起的痛苦對早起習慣的養成非常重要。**

　　事實上，沒有目的地起床，是一件非常困難的事。如果早起後安排的事情是自己感興趣的，那麼起床就會變得容易很多！

　　無痛早起的秘訣之一就是動力。起床的動力是什麼？可以是你內心對成功迫切的渴望；也可以是來自工作、家人的外在壓力。簡而言之，如果你每天必須在7:30之前送孩子到學校，那麼你就不能不為之養成早起的習慣。同樣，如果你每天都想起床後吃一頓自己做的

營養早餐，或是想要有足夠的時間化妝打扮，那這些也是你無痛早起的內在動力。

總是為自己找藉口不早起，時間卻浪費了。

早起的技巧

1. 讓身體暴露在
陽光下。

2. 事先把早餐準
備好。

3. 設置電視早上
自動打開。

　　下面我們就介紹幾種無痛早起的小方法，讓大家能更快地打倒自己賴床的壞習慣。

(1) 讓身體暴曬在日光之下

　　最基本的生物規律顯示，光線跟清醒度息息相關。小時候睡懶覺時，媽媽總會強行掀開被子、拉開窗簾，你頓時就會睡意全無。不如學學這個方法，把它用在培

養早起的習慣中。

(2) 事先把早飯準備好

提前一晚將材料放入電了鍋中預熱煮粥，或是準備好麵包、水果。總之，將第二天的早飯準備好，可以讓你在醒來的第一個念頭裡沒有需要勞動的壓力，取而代之的是香甜早餐補充的滿滿活力。

(3) 設置早上自動打開的電視

可以將你家的電視、廣播設置為自動打開，定在新聞頻道或音樂頻道，用外部的刺激去讓自己愉快地醒來並早早起床。

相信自己，早起並不難。那些充滿活力的人，幾乎都有早起的習慣。而那些在工作上有突出成就的人，也絕不是「賴床一族」。所以，當一隻早起的鳥兒吧！每天都給自己這樣積極的心理暗示，讓每一個早起的清晨都得到充分的利用，你就會漸漸愛上這種早起的感覺。久而久之，無痛早起的技能你就能熟練掌握！

無痛早起的技巧其實有很多，我們要學會發現並利用身邊的人和事物來幫助自己養成早起的習慣。

4 生活習慣會影響你的心情

　　堅持早起並不困難，但也不是一件輕鬆的事。尤其是冬天，很考驗人的意志。雖然早起是一件小事，但堅持下來，若干年後，你將真的成為一個不一樣的人。除了變得更加的堅韌自律，也會得到很多以前收穫不到的快樂和滿足感。如果你想做一個優秀的人，那在做一些驚天動地的大事之前，養成一些對生活有益的小習慣吧！

　　培養習慣的過程中，心情是很重要的一個因素，平和穩定的心態至關重要[12]。**我們想要早起時，不妨找到那些與之相關的積極心理暗示，通過調節心情來激發自己早起的動力。**

　　例如，在睡前做一些簡單的瑜伽動作，會讓自己更加放鬆，帶著這樣放鬆的心情，更加容易入睡；清晨早起到公司，在空無一人的辦公室裡提前寫下一天的工作安排，你會有強烈的自我肯定感和使命感，接下來的一整天都會活力滿滿地投入到工作中；早起後氣定神閑地

走到車站等車，再也不用像平時那樣狼狽地追著將要駛走的公車。這種坦然和悠閒，會讓你有一種「事情都盡在掌握」的餘裕感，也會讓你更自信，也更平和快樂。

每天為了多睡兩分鐘帶來的卻是等公車多等兩分鐘。

養成早起的習慣後能有更多的餘裕感和自信感。

習慣調節心情

每個人的生活習慣都會影響心情，而晚上和早晨的心情能否得到滿足是跟睡眠息息相關的。

我們認為，早晨的時光中，餘裕的感覺最為重要。

老人們常說，早起三光、晚起三慌。意思就是：起得早，對身體也有好處，光光彩彩，故曰「三光」；起得

晚，時間不夠用，辦事自然馬虎些，對身體亦無好處，每天慌慌張張。有時候，只是提前十分鐘起床，就能改變你整個清晨的狀態。

當清晨的時間變得寬裕時，你會有由衷的爽快感跟成長感，整個人呈現出積極的狀態。這樣的心情會讓你一整天都變得明亮，早晨滿滿的正能量，也會吸引美好的一切進入你一天的生活中，讓你整個人都在良性迴圈中，不斷獲得幸福、滿足的感受。

而晚間的時光，放鬆的感覺尤為重要。放鬆、快樂之感應是晚間的常態，晚上不宜有太興奮或太悲傷的心情。回顧一下一天的經過，能有成就感和充足感就很值得讚揚了。所以，**堅持好的生活習慣能讓你領略到自己強大的內在力量，讓你看到勤奮上進的自己**。一個好的習慣往往只是一根線，但它能將更多美好的東西連接起來，讓你終身受益。

一旦良好的生活習慣養成了，餘裕感會隨之而來，你會感覺自己在 8 小時之內和 8 小時之外都比別人更精彩！

5 繪製理想中的生活

繪製理想生活是改善生活習慣的第一步。我們只有明確心中的夢想後，才能找到為之奮鬥的路徑，也才能有真正實現夢想的可能。

「在實現你的目標之前，你必須仔細地看清楚你的目標，並反覆地觀想，直至它們成為你的一種習慣。」

繪製理想生活，是對你所有夢想、目標和願望的一個總體概括。它直接反映出你想成為怎樣的人、你想要擁有什麼、在人生的各個階段想完成怎樣的成就等。

如果你覺得一時無從下手，你可以將人生分為七個領域：個人目標、人際關係、身體健康、職業教育、家庭、財富、慈善。在個人目標領域裡，你可以暢想自己出了幾本小說，成為了有名的作家；在身體健康領域裡，你可以設想自己練就了完美的肌肉線條；而在職業教育領域，你可以大膽繪製出自己成為了公司負責人的景象。只要是你內心強烈嚮往的理想生活，都可以在心

中繪製出一幅藍圖。根據吸引力法則，你想要的一切，都會被你吸引而來。

適當地在腦海中繪製理想中的生活能刺激你更加努力。

如何繪製理想生活

時間	日程
6:00 7:00	起床、早餐
8:00	出門
	上班
18:00	回家
19:00	晚餐
20:00	自學
23:00	睡覺

　　小時候，我們總是愛做夢。女孩子幻想自己是公主，男孩子幻想自己是英雄。人越長大，越丟失了做夢的能力。現在，放下一切束縛，在腦中再次構想一下夢想的生活。當然，在繪製理想生活時，有幾個要點需要注意：

(1) 不要參考現狀

不同於制訂嚴謹的計畫，不用參考現狀。一方面，現狀只是現狀，未來如何發展誰也不知道，不要扼殺了多種可能性，而另一方面，繪製理想生活只是為了確認你內心的願望。

(2) 從重要但不緊急的事情寫起

用輕重緩急的維度去區分這些夢想。例如，你認為你人生的大事中，最能給你帶來快樂的事，就是在事業上有所成就，而在事業上取得成功又是一件需要較長時間去完成的事。那麼，這就可以優先進行考慮。

(3) 驗證是否能獲得充實感

在腦海中設想你實現這個夢想後的生活，比如你強烈地想要瘦下去，那就設想一下自己瘦了之後的生活——買到漂亮的衣服、吃東西不再有罪惡感等，驗證一下自己是否能從中獲得充實感，如果答案是肯定的，那就說明這是內心的強烈願望，值得你去為此努力。

不要認為繪製理想生活是空想，如果你描繪的藍圖是符合實際、有價值的，那麼你就值得為了這個藍圖去全力以赴地改造自己的生活狀態。

6 無法早起的主要原因

當你看著習慣早起的老人已經買菜、散步回來，而你還在慌亂地刷牙時，你是不是覺得很懊惱？當你看著朋友發佈的晨跑記錄，你是不是覺得每天起不來的自己很挫敗？

「手機都設了兩個起床鬧鈴，可是每次它們響了，都會無意識起身把它們關了，然後接著睡……」

「我也想早起。每天早上都要和棉被做一番鬥爭，每次都是棉被贏！」

其實，如果你不想起床，設再多的鬧鐘都沒有用。**早起這件小事更多依賴的還是你內心的力量。**如果起床後有美好的事情等著你去做，如果你還有需要努力的使命，那麼即使沒有鬧鐘，你也會自己醒來。而這樣持續下去，形成了自己的生物鐘，就會自然而然地早睡早起，也能享受每天清晨清爽的空氣和歡暢的鳥叫了！

早起在各種習慣養成中屬於高難度的等級，很多人都在養成早起的習慣中反覆折騰，接下來，我們總結了

一些早起失敗的原因，看看有沒有你中招的那一個。

早起失敗的主要原因

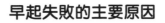

6 點！

1.一口氣定 6 點起床的目標。

2.只抓起床時間。

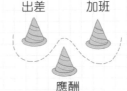

3.縮短睡眠時間。 4.突發事件的打擾。

5.沒有明確早起的理由。

6.早起的同時養成多個習慣。

(1) 一口氣定個超早起床的目標

　　如果你原本 7 點都起不來，突然定 6 點起床就未免太不切實際。循序漸進才是有效的方式，讓身體和思想漸漸適應早起的強度，才能讓習慣更好地養成。

(2) 只抓起床時間

　　有些人錯誤地認為，自己早上 5 點起床好像很屬

害，但如果起床後磨磨蹭蹭耽誤時間的話，還不如多睡一個小時，在起床後再緊張地投入一天的工作中。

(3) 靠縮短睡眠時間來早起

如果你為了早起改成晚上 12 點睡、早上 5 點起，通過縮短睡眠的時間來早起，是十分得不償失的。

(4) 被突發事件弄得團團轉

習慣養成的時候常常會被突發的事情打亂計畫。例如，前一天晚上加班到很晚、航班誤點等。要知道，不要輕易被外部環境影響才是養成一切習慣的重要保障。

(5) 沒有養成早起習慣的明確理由

有些人覺得別人都早起，就也要早起，完全沒有目標，也沒有明確的理由。這樣是非常不利於堅持的。

(6) 不要同時養成多個習慣

我們一再強調，一次只養成一個習慣，不要貪多。不要在培養早起習慣的同時，又培養晨跑、寫日記、讀書等其他習慣，這樣你會因為要改變太多而感覺疲憊。

在早起習慣養成的路上，最大的敵人是自己。培養自己強大的意志力，早起將變得易如反掌。

小技巧：養成早起習慣的五個步驟

與一切其他的習慣養成一樣，早起的習慣也需要幾個簡單步驟，按照步驟堅持才能成功[13]。

(1) Step1：描繪出理想生活

前面有提到，繪製理想生活，是對你所有夢想、目標和願望的一個總體概括。這說明你所描繪出的理想生活，正是你想竭盡全力去追求的。比如，你想成為一個小有成就的作家，但深知寫作是一件勞心勞力的事，那麼必然會要求自己養成良好的生活習慣。這樣的覺悟會驅使你趕緊跳下床為自己的夢想行動起來。

(2) Step2：把握現狀的生活習慣

瞭解自己才是一切改變的開端。要清楚地明白自己現有的生活習慣，找出那些好的習慣繼續保持。而對那些不好的習慣，我們可以制訂一個改變計畫，一一攻克它們。

(3) Step3：明確夢想與現實之間的落差

都說「理想很豐滿，現實很骨感」，要知道，夢想

與現實之間有差距是很正常的，要允許這種落差的存在。心態一定要放平和，錙銖必較不利於任何好習慣的養成。

(4) Step4：設定例外情況

設定一些例外情況，比如當身體不適時，允許起遲一點。不要讓自己一直繃緊著一根弦，而應該讓早起自然而然地成為你生活習慣裡的一部分。或者被其他的事物耽擱，而沒能完成當天的學習計畫，我們就不要在深夜還強迫自己完成當天的學習任務，抽一個相對空閒的時間補上就好。

(5) Step5：設定小目標由此開始

設定小目標更容易接近成功。如果你原先早上8:00才能勉強起床，那麼我們就將早起計畫的第一階段設定為「每天 7:30 起床」，等你漸漸習慣了這個時間點，再進入第二階段「每天 7:00 起床」……依次類推，一點一點接近成功。

當你養成了長期早起的習慣後，會發現做一個早起者是異常幸福的。最明顯的體會是精神變好了，人總是充滿活力，也不容易疲憊了，整個人感覺很舒爽，心態也變得越來越積極陽光。而當你早起之後，再也不會覺

得時間不夠用了，多出來的時間你可以規劃很多事情，每週健身幾次、研究菜譜、寫晨間日記、讀更多的書、固定時間拍窗外的晨景、給自己搭配一身好看的服飾……等，這些事情會讓你收穫很多工作之外的快樂。而早起也能舒緩壓力，讓你有更多的時間和家人、愛人交流，也能讓你有更多的時間獨處，和心靈對話，找到內心一貫的平和。

所以，當你感覺生活、工作一團亂無從下手時，你不妨下定決心去養成早起的好習慣吧！做一個快樂的早起者，去擁抱每天初升的太陽。

這五個步驟雖然看起來容易操作，但想堅持下去是需要一定毅力的。大家一旦開始，就不要輕易放棄哦！

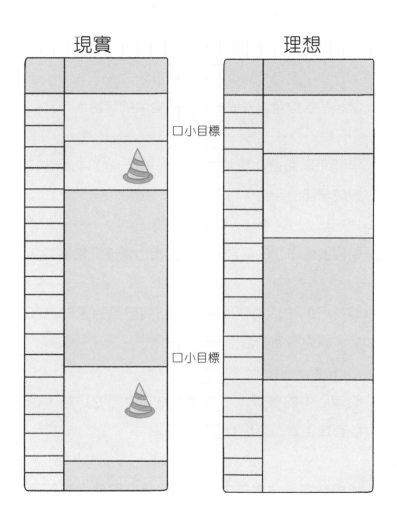

現實　　　　　　　　理想

□小目標

□小目標

總結篇

1. 早起在各種習慣養成中屬於高難度的等級。

....

2. 早睡和早起是息息相關的,從早睡入手才能更好地養成早起的習慣。

....

3. 如何減輕早起的痛苦對早起習慣的養成非常重要。

....

4. 堅持好的生活習慣能讓你領略到自己強大的內在力量,讓你看到勤奮上進的自己。

....

5. 明確心中的夢想,才能找到為之奮鬥的路徑,也才能有真正實現夢想的可能。

....

6. 如果你還有需要努力的使命,那麼即使沒有鬧鐘,你也會自己醒來。

....

主要參考&引用

[1] Stephen R. Covey, The 7 Habits of Highly Effective People:Powerful Lessons in Personal Change[M]. NY:Simon & Schuster，2013:73

[2] Charlotte M Mason, Habits: The Mother's Secret to Success[M].NY:CreateSpace Independent Publishing Platform, 2015:88-89

[3] Stephen Guise, Mini Habits:Smaller Habits, Bigger Results[M].NY:CreateSpace Independent Publishing Platform, 2013:13-14

[4] Charles Duhigg, The Power of Habit:Why We Do What We Do in Life and Business[M].NY:Random House Trade Paperbacks, 2014:22-26

[5] ヴィンセント ディアリー，習慣力：新しい自分の見つけかた，東京：早川書房，2016:52

[6] チャールズ・デュヒッグ，習慣の力 The Power of Habit，東京：講談社，2016:38-40

[7] 安藤美冬，やる気はあっても長続きしない人の「行動力」の育て方　自分を変える「7＋1の習慣」，東京：SBクリエイティブ，2016:62-65

[8] 生方正也，アウトプットの精度を爆発的に高める「思考の整理」全技術，東京：かんき出版，2016:20-22

[9] 古川武士，力の抜きどころ　劇的に成果が上がる、2割に集中する習慣，東京：ディスカヴァー・トゥエンティワン，2014:50-51

[10] 藤由達藏，結局、「すぐやる人」がすべてを手に入れる，東京：青春出版社，2015:66

[11] 早坂真由美，1週間で良質な眠りを手に入れる快眠力メソッド　眠りの悩み別に体質改善ができる！実践型　7WORK，東京：ごきげんビジネス出版，2016:89-90

[12] 望月俊孝，夢をかなえる習慣力，東京：実業之日本社，2010:45-46

[13] 能率手帳プランナーズ, ビジネス手帳で中高生の「生活習慣力」がみるみる変わった!，東京：日本能率協会マネジメントセンター，2012:65

為什麼有人喝咖啡不加糖：
品嘗最真實的原味生活

子陽◎著
280元

只有品嚐到苦酸澀的層次，才算是真正享受一杯咖啡。
只有努力過後得來的成功滋味，才是別人搶不走的生命經驗。

一杯咖啡最真實的滋味是什麼？

有人喜歡多加點牛奶的咖啡歐蕾；有人偏愛加糖加奶的美式咖啡；也有人則青睞加有巧克力的摩卡，但只有什麼都不加，那種經過苦澀之後的甘甜，才是真正是咖啡最迷人的味道。

在人生的道路上，我們會遇到很多困難。雙眼可見的問題容易克服或避開，但真正可怕的是那些令人難以抗拒的甜美誘惑，一次次的妥協會讓你漸漸習慣鬆懈的生活。它們會消磨你堅持下去的意志，使你對目標產生遲疑、對前進的方向開始迷惘，就像是在原本單純的咖啡裡面，既加糖、又加奶的感覺一般，不僅硬生生地破壞原本的風味，更會讓你的味蕾持續鈍化，讓你在不知不覺中沉溺其中，最後無法自拔。

只有學會在苦難中成長，我們才有茁壯的可能；在挫折中磨練自己，我們才能閃閃發光，在細細品嚐汗水與淚水交織的苦澀後，我們才能了解生命的滋味。

用傾聽取代說服，
　　贏回話語主導權

速溶綜合研究所◎著
280元

有效溝通=80%傾聽+ 20%說話
從溝通中聽出對方的情緒，才能贏得話語主導權。

你是否有犯過這種毛病：
「滿腦子想著接下來要怎麼說，而忘記聽對方怎麼說！」
「覺得自己能說服他，卻沒能聽出他的話中話？」

我們擁有兩隻耳朵和一個嘴巴，就是為了提醒我們——
「比起說話，更要多聽」。

好的傾聽者，不只要安靜聽對方說，還要聽懂他的心聲，
並透過動作或言語上的反饋，讓說話者願意吐露更多內心
的想法。

　　★有時候對方說「我沒事」，其實「很有事」！

善於溝通的人都能先專心聽別人說話，在傾聽中不斷地思
考，才能了解說話者想表達的事物，發現談話中的關鍵細
節，在交談中建立職場有效溝通，贏回話語主導權。

透過傾聽技巧的展現，我們能從說話者的言談中獲取重要
關鍵，讓傾聽不僅只是「聽」，而是成為有效溝通，讓你
掌握說話的節奏，讓對方主動交出話語主導權。

國家圖書館出版品預行編目（CIP）資料

量子習慣力：輕鬆改變習慣A，自然改寫命運B
　/速溶綜合研究所著. -- 初版. --
新北市：大喜文化, 2021.1
　面；　公分. --（喚起；28）
ISBN 978-986-99109-1-4（平裝）

　1. 習慣　2.生活指導

176.74　　　　　　　　　　　　　　　107018385

喚起 28

量子習慣力
輕鬆改變習慣A，自然改寫命運B

作　　　者	速溶綜合研究所
編　　　輯	鄧琪潔
發 行 人	梁崇明
出 版 者	大喜文化有限公司
登 記 證	政院新聞局局版台省業字第 244 號
P.O.BOX	中和市郵政第 2-193 號信箱
發 行 處	23556 新北市中和區板南路 498 號 7 樓之 2
電　　　話	（02）2223-1391
傳　　　真	（02）2223-1077
E - m a i l	joy131499@gmail.com
銀行匯款	銀行代號：050，帳號：002-120-348-27
	臺灣企銀，帳戶：大喜文化有限公司
劃撥帳號	5023-2915，帳戶：大喜文化有限公司
總經銷商	聯合發行股份有限公司
地　　　址	231 新北市新店區寶橋路 235 巷 6 弄 6 號 2 樓
電　　　話	（02）2917-8022
傳　　　真	（02）2915-7212
初　　　版	西元 2021 年 1 月
流 通 費	新台幣 280 元
網　　　址	www.facebook.com/joy131499
I S B N	9789869910941